그림과 만화로 배우는
# 나의 첫 위스키 교과서

푸른길

백화점 지하 양주 매장에 배속된 사회 초년생 1년 차

내 이름은 무기노 사야카

난생 처음 바에 왔습니다.

쭈뼛 쭈뼛

오늘은 매장에서 취급하는 위스키에 대해 공부해야 해서

바 경험이 풍부하다고 주장하는 세이지 오빠가 같이 와 주긴 했는데….

저기, 오빠…. 괜찮은 거야…?

전혀 모르겠어.

머— 엉

뭘 주문해야 좋을지

알았어, 알았어. 진정해. 이럴 때는

워 워…

**뭐라고!** 난 처음이라 아무것도 모르는데!

어… 주술문?

필살기?

글렌피딕 맥캘란 더블캐스크 12년 아드모어 레가…

메뉴판을 보면 대충….

Menu

그건

무슨 술인지조차 모르겠어!

맞아. 눈에 띄는 걸 적당히 시키면…

어… 저기…

블렌디드 위스키 랍니다.

Ballantine's

本日のオススメ
Ballantine's
¥1,600~

3

보기만 해도 아시는 거에요?!

스코틀랜드산인데 마시기 좋아서 초보자에게 주로 권합니다.

매장 업무로 위스키를 취급한다 면서요?

'마스터 오브 위스키'라고 하는 위스키 전문가라고 합니다.

곤경에 빠진 우리를 구해 준 사람은 바로 산토리의 사사키 다이치 씨

허허허

네, 맞아요. 오빠가 잘 안다고 해서 함께 왔는데 가게에 들어오자마자 얼어 버려서.

헤헤…

위스키에 대해선 전혀 모릅니다.

실은 이런 제대로 된 바는 처음인데다 여동생한테 잘 보이려고….

4

이, 이게 전부 위스키 라구욧!

허ㅡ억

이 정도는 얼마 안 되는 거예요.

후훗

대단하죠?

우아~! 하이볼 정도밖에 마셔 본 적이 없어서….

이렇게 줄을 쭉 세울 정도로 위스키 종류가 많다니 놀라워요.

## "하이볼로 하시겠습니까?"

지금은 어디를 가도 위스키 하이볼을 마실 수 있는 시대가 되었다. 사람들이 이자카야에서 맥주만큼이나 하이볼을 찾고, 바에서 위스키를 주문하면 바텐더가 "하이볼로 하시겠습니까?"라고 물어보는 시대. 지난 30년 동안 술과 함께 지내 온 나로서도 전혀 상상도 못했던 일이다.

그 수십 년 중 일본 위스키 매출의 최저점은 2008년. 지금 생각해보면 산토리는 당시 상당히 파격적인 일을 벌였다. 그것은 바로 '위스키를 저그잔으로 마시자'는 터무니없는 제안. 그리고 소다로 희석한 위스키에 '레몬'을 짜 넣는 것. 이것이 크게 히트를 쳐서 지금은 건배를 하이볼로 하는 광경을 목격할 수가 있다. 심지어 저그의 모양은 위스키병 모양을 하고 있다. 좋은 시절이 되었다고나 할까. 내 입장에서 보면 믿을 수 없는 시대가 되었다.

## 이게 바로 나한테 맞는 직업이 아닐까?

그리고 산토리의 또 다른 전략으로 '위스키 이야기꾼 만들기'라는 것이 있었다. '위스키 판매가 바닥을 친 시점에서는 위스키 이야기꾼이 필요하다'라는 생각에 사내 자격인 '위스키 앰배서더 제도'라는 것을 만들었다. 내용은 1년 동안 자사의 위스키 증류소를 둘러보고 작은 시험관 레벨부터 위스키를 배우고 쿠퍼리지(오크통 제조공장)에서 오크통을 만들며(실제로 기계를 사용하는 것은 아니지만), 스코틀랜드에 가서 본토 위스키의 역사와 제조법을 배운 다음 필기와 프레젠테이션 시험을 거쳐 당당히 인정을 받는 것이다.

당시 나는 은퇴(원래 산토리선버즈 소속 배구선수로서 2005년에 은퇴)하고 영업업무에 지원해 만 2년이 되었을 때였다. 서른세 살에 신입사원과 같은 업무를 시작해 내가 가야 할 방향을 찾지 못하고 있었다(2007년 시점에 서른다섯 살). 당시 지사장이 "어이 다이치(나는 회사에서도 이름으로 불린다). 새로운 위스키 제도가 만들어지니까 다녀와"라고 말했다. 일을 하고 있어도 별 재미를 모르던

나는 그 말을 들었을 때 '일이 또 늘어나는 거야… 그만 좀 하지'라는 것이 솔직한 심정이었다. 단, 관심은 있었고 위스키는 좋아했다.

그리고 수차례 연수를 거듭하면서 여러 기술자들과 세미나 강사들의 이야기를 듣고 문득 깨달았다. '이거 나한테 딱 맞는 일이 아닐까?'라고. 원래 말하는 걸 좋아해서 배구 경기 해설자로도 활동하고 있던 내게는 아주 매력적인 일로 느껴졌다. 너무너무 위스키가 재미있어졌다는 것이다. 술을 그냥 공부했더라면 절대로 여기까지 오지 못했을 것이다. '사람에게 전한다'는 것에 매력을 느낀 것 같다.

## '마스터 오브 위스키' 첫 합격자

위스키는 인간이 만든 증류주이고, 거기에는 '오크통에서 숙성시킨다'고 하는 신비가 담겨져 있다. 다양한 것을 조사하다 보니 역시 위스키에 완전히 빠지고 말았다. 그리고 위스키 앰버서더 취득 후에는 영업할 때도 의기양양하게 위스키 이야기를 하게 되었다. 바텐더와도 어느 정도 다양하게 대화할 수 있게 되었다. 그러나 한 가지 곤란한 일이 있었다. 타사의 위스키에 대한 이야기가 나오면 전혀 따라갈 수가 없다는 것이다. 이에 낙담을 하기도 했지만 호기심이 왕성한 나는 바로 인터넷에서 다른 회사들의 위스키를 찾아보기 시작했다.

그러자 단어 하나가 검색에 걸려들었다. 민간단체가 주는 '위스키 코니서(업계 감정사가 아닌 일반 애음자)'라는 자격 인정 제도였다. 어렴풋하지만 당시의 홈페이지 내용은 이랬다. "위스키 코니서(감정사)에는 3단계가 있는데 아래서부터 위스키 엑스퍼트, 위스키 프로페셔널, 마스터 오브 위스키이고, 그 자격은 아래서부터 순서대로만 취득할 수 있다. 2008년 현재까지 마스터 오브 위스키 시험은 개최되지 않고 있다"라는 것. 이것이 무엇을 의미하는가 하면 3단계 시험 중 중간시험이 너무 어렵기 때문에 아직 최상위 자격의 시험이 개최되지 않았다는 것이었다. 시험이 개최되지 않았다. 즉 개최될 때 합격한다면 1등이 될 수 있다(웃음)는 것이다! 이것이 2008년 엑스퍼트, 2009년에 프로페셔널 취득, 그리고 처음으로 개최된 2011년 마스터 오브 위스키 시험에서 내가 첫 합격자가 되었던 경위이다.

대단한 꿈이 있고 멋있는 이야기로 들리겠지만 그렇지도 않다. 몰두하는 것에는 몰두하지만 흥미가 없는 것에는 일체 흥미가 없어서…라기보다 긍정적이지 못하기 때문이다. 나는 와인도 마시며 싫어하지도 않는다. 최근 뉴월드의 레드와인은 참으로 잘 만들어졌다고 생각한다. 그러나 이 위스키 시험을 통과하기 직전, 와인 어드바이저(현재의 와인 소믈리에) 1차 시험에서 떨어졌다(웃음). 아주 부끄러운 이야기지만, 이것으로 내가 얼마나 위스키에 빠져 있었는지를 단적으로 알 수 있다고 생각한다.

## 위스키 1년 차를 위한 알기 쉬운 '교과서'가 없다

9년의 영업직을 거친 후 대망의 2014년 제품의 중추인 '사업부'로 이동하여 증류소 마케팅에 관여하게 되었다. 증류소에서는 여러 가지 패키지를 준비하여 일반 소비자나 거래처뿐만 아니라 VIP까지 맞이하고 있다.

이 책을 쓰고 있는 2023년, 산토리는 위스키 제조를 시작한 지 100주년을 맞이하였다. 100년 동안에 고객의 수요도 넓어지고 코니서라고 불리는 고객의 지식 레벨도 상당히 높아져서 관련 책자도 다수 출판되었다. 내가 위스키를 처음 공부하기 시작했을 무렵에는 책을 닥치는 대로 샀다. 여러 모로 공부는 되었지만 위스키에 관한 책은 '사전' 같은 책이 많았다. 정보가 망라되어 있어 가볍게 '알아보기'에는 가장 적합했다.

그러나 약간 신경 쓰이는 부분도 있었다. 위스키 사전은 알고 싶은 것을 바로 찾아볼 수는 있지만, 위스키 1년 차에게 알기 쉬운 '교과서'가 없다는 것. 흔히 '요즘 젊은이들은 술도 못 마시고 차에도 관심이 없다'라는 말이 들리는 것처럼, '취미'로 술을 마시고 있는 사람은 압도적으로 적다는 것. 그래서 그런 사람들이 손쉽게 읽을 수 있는 책이 있으면 좋겠다고 생각했다.

### '아무것도 모르지만 관심이 있다'는 사람을 위한 지침서로

인간은 재미있다. 관심 있는 것과 만나면 그 즉시 몰입한다. 그리고 지식이 늘어나면 주위에 그것과 관계된 사람이 늘어난다. 그때 지식이나 기술이 따라가지 못하면 재미가 없어져서 그만두고 마는 그런 사태가 반복되고 만다. 그래서 '아무것도 모르지만 관심이 있고 조금 깊이 들어가고 싶다'라고 할 때를 위한 지침서가 필요한 것이 아닐까. '한 발짝 더 들어가면 빠져든다!'고 할 즈음에 어떻게든 유도할 수 있다면…. 이렇게 생각한 것이 바로 이 책을 쓰게 된 동기

이다.

위스키는 어차피 술, 기호품이다. 지금은 아무데서나 위스키를 마실 수 있기 때문에 접할 기회가 많지 않은가. 특히 직장인이라면 각종 회식 자리에서 술은 필수이고 당연히 위스키도 있다. 회식에서 하이볼을 마신 후에라도 이 책을 읽어 봐 주시기 바란다. 반드시 '일의 연장인 위스키'가 '기호품'으로 변해 갈 것이다.

## 이 책을 손에 들고 '친구를 늘리고 싶다'는 것이 솔직한 기분

어떤 장면이라도 좋으니 조금 옛날을 추억해 보자. '수년 전 바에 갔을 때 카운터에 앉아 있는 한 손님의 위스키 주문이 멋있었다(실제 그렇다)', '백화점에서 점원과 위스키를 보면서 대화하고 있는 손님이 멋있었다', '데이트할 때 모르는 위스키를 무리하게 공부하고 와서 주문하는 남자가 멋있었다', '공원에서 혼자 책을 읽으면서 힙 플라스크로 위스키를 마시고 있는 사람이 멋있었다(잘못 보면 위험한 모습이지만…)'.

앞에서 말한 것처럼 위스키는 '기호품'이다. 그렇기 때문에 사소

한 것에도 흥미를 가지면 그로써 취미가 되는 것이다. 내게 와인은 '마시는 건 좋아하지만 공부하고 싶지는 않았다'는 것뿐이고 위스키는 '마시는 것도 좋아하지만 알면 알수록 재미있었다'는 것이다. 결코 위스키를 고집하는 것은 아니지만 '내게는 재미있다'라는 것이다. 그리고 이 책을 손에 들고 '친구를 늘리고 싶다'는 것이 솔직한 심정이기도 하다. 제조 공정을 외우는 것이 즐겁다는 것은 아니지만 그 속에서 재미를 느끼는 사람도 있다. 위스키병 모양에 의문을 느낀다든지 역사가 궁금해진다든지 하는 사람도 있다. 그야말로 '기호품'인 것이다. 없어도 괜찮지만 '있으면 즐겁다'는 것이다.

그럼 깊이 생각하지 말고 가자. 집에 있는 글라스에 얼음과 위스키와 소다를 넣어 하이볼이라도 마시면서 가벼운 마음으로 이 책을 읽어 주시기 바란다. 갑자기 내일 회식 자리에서 사람들에게 잡학을 이야기하고 싶어질 것이다.

즐거운 위스키 라이프를 함께 즐깁시다!

# CONTENTS

## 등장인물

**사사키 다이치**
밤이면 밤마다 바에 출현하는 '위스키 전도사'

**무기노 사야카**
백화점 지하매장 술 코너에 근무하는 직장인 1년 차

**무기노 세이지**
사야카의 오빠. 술은 좋아하지만 위스키는 초보자

* 만화의 대화는 오른쪽에서 왼쪽으로 읽습니다.

# 위스키란 어떤 술?

혹시 과즙이 들어가 있나요!?

헤헤

단맛도 느껴지고 마치 과일 같네요.

이그 오빠는

아뇨. 이 위스키는 맥주와 같은 주원료인

**보리와 물**
로만 만들어집니다.

깜짝

그런데도 이런 맛이 나요!?

엣!!

그것뿐 이에요!?

그것이 바로 위스키의 재밌는 점 중 하나예요!

신기하죠?

숙성?

오크통?

주원료는 보리와 물뿐이지만 위스키는 오크통에서 오랜 기간 숙성시켜서 만듭니다.

20년!?

네 나이랑 같네.

10년, 20년, 그리고 그 이상 재워 두는 경우도 있답니다.

보통 짧게는 3년

23

오크통에서 숙성시킬 때 생겨나는 풍미인 것입니다.

두 분이 느낀 과실감이나 단맛은

바닐라향은 화이트 오크통 이라야 되고

오크통이 바뀌면 맛 그 자체도 크게 차이가 난답니다.

오크통 크기에 따라 숙성 속도가 달라요!

저장고가 있는 장소의 기후나 풍토에 따라서도 맛은 변해요!

위스키가 어떤 술인지, 이렇게 들어 보니까 전혀 몰랐네요.

헤헤헤

반짝 반짝

흐음… 재밌네요.

# 위스키의 인상은…

**알코올이 강해서 금방 취해 버리는 독한 술!?**

여러분은 위스키에 대해 어떤 인상을 가지고 계신지요? 어두컴 컴한 바에서 둥근 얼음이 들어 있는 글라스에 혼자 조용히 마시는 술이라는 동경에 가까운 인상이 있기는 하지만, '알코올이 강해서 금방 취해 버리는 독한 술', '향이 강하고 쓸 것 같다', '가격이 비싸 다'고 하는 인식이 많을 거라고 생각합니다. 그것은 어떤 면에서는 맞는 부분도 있지만 위스키가 오해를 받고 있구나 하고 생각되는 부분도 있습니다.

알코올 도수는 확실히 높습니다만 취하기 쉽다고 느끼면 물이나 소다, 콜라 등을 섞어도 OK입니다. 위스키는 마시는 법을 자신이 선택할 수 있는 자유로운 술인 겁니다. **또한 증류주여서 같은 양의 다른 술과 비교했을 때 칼로리양이 낮고 당질도 거의 없는 술입니 다.** 물론 과음이 좋지 않다는 것은 말할 것도 없습니다만.

향과 맛에 대해 이야기하자면, 위스키는 알코올 도수가 높기 때문에 스트레이트로는 강한 자극을 느낄지도 모릅니다. **그때는 물을 조금 섞어 봐 주세요. 향이 그윽하게 피어나면서 화사함과 달콤함을 느낄 수 있습니다.** 시험 삼아 위스키를 스트레이트로 마신 뒤 그 글라스를 방 안에 잠시 그대로 놔둬 보세요. 오크통의 목재향이 방 안에 퍼지기 시작해서 마치 산림욕을 하고 있는 듯한 향기에 감싸이게 됩니다.

그리고 가격이 비싸다는 점, 이것은 글라스 한 잔 값을 보면 확실히 그렇습니다. 그러나 멋있는 글라스, 아름답게 깎인 얼음, 담겨 있는 호박색 위스키를 천천히 바라봐 주세요. **오크통 안에서 숙성된 세월을 느끼면서 아주 천천히 시간을 들여서 마신다면 그 가격을 납득할 수 있지 않을까요.** 또한 700ml 병이라면 1잔을 30ml로 계산할 때 23잔이 되기 때문에 실은 가성비가 높답니다(웃음).

그렇다고 하더라도 이 설명만으로 여전히 썩 와닿지는 않을 것이라 생각됩니다. 이 책은 위스키 초보자를 위해서 위스키의 훌륭함을 되도록 알기 쉽게 그리고 상세하게 적어 갈 것이므로 마지막까지 함께해 주십시오.

# 위스키란 어떤 술?

**오크통 속에서 오랜 세월 숙성된 호박색 증류주**

그럼 먼저 위스키란 어떤 술인지에 대해 설명하겠습니다. 이것부터 시작하지 않으면 진도를 나갈 수가 없으니까요. 위스키는 제조법상의 분류로는 '증류주'에 속합니다. 증류주에는 진, 보드카, 소주 등도 있지만 이들은 무색투명하잖아요. 반면 위스키는 깊은 호박색을 띠고 있습니다. **이것은 위스키가 오크통 속에서 오랜 세월에 걸쳐 숙성되었기 때문이며 오크통의 소재와 그 토지의 기후, 풍토에 영향을 받으며 익는다는 증거인 것입니다.** 오크통에서 숙성한 술은 위스키 외에도 다수 있지만 그중에서도 위스키는 오크통의 영향을 가장 크게 받는 술입니다.

위스키는 많은 나라에서 만들어지고 있으며 사용하는 원료와 제조법, 숙성 연수가 나라마다 다릅니다. 일반적으로는 다음과 같이 정의되고 있습니다.

① 보리나 옥수수 등의 곡물을 원료로 할 것

② 증류주여야 할 것

③ 오크통에 저장한 후 장기 숙성할 것

하지만 이것도 나라에 따라서 크게 다르기 때문에 세계적으로 '위스키'를 한마디로 표현할 수 없다는 점이 위스키의 '어려움'이자 '즐거움'이기도 합니다.

위 세 가지 정의 중 특히 중요한 것은 '오크통에 저장한 후 장기 숙성할 것'입니다. 숙성이라는 프로세스를 통해 위스키의 향미가 부드러워지고 화사한 향과 맛, 깊은 풍미를 가지게 됩니다. 속이 깊고 알코올 도수도 높은 술이지만, 동시에 온화하고 부드러운 자상함이 느껴지는 것도 위스키의 매력입니다. 제조사에 따라서는 '오크통에 대한 투자'를 전체 투자의 50% 이상 하는 곳도 있습니다.

5년, 10년…에 달하는 장기 숙성은 비효율적이고 지루하다고 느껴지지만 이것이야말로 다른 증류주와 다른 점입니다. **오크통 숙성을 하는 술에는 와인도 있지만 그 기간은 위스키와 비교하면 짧습니다. 위스키는 20~30년을 잠재우는 것도 있거든요.** 단, 오래 잠재울수록 더 맛있는 것은 아닙니다. 피크를 지나면 떫은맛이나 쓴맛이 나오는 경우도 있습니다. 숙성 기간에 세계적인 기준은 없지만 예를 들면 스코틀랜드산인 스카치위스키(p.98)는 3년 이상의 숙성을 법률로 정하고 있습니다.

지금까지 여러 번 '증류주'라는 말이 나왔지만 술은 제조 방법에 따라 '양조주', '증류주', '혼성주' 세 가지로 분류됩니다. 맥주, 와인, 일본주, 막걸리 등의 양조주는 곡물이나 과일 등의 원료를 효모와 누룩곰팡이의 작용으로 알코올 발효시킨 술입니다. 자연계에 존재하는 효모가 작용하였기 때문에 고대부터 있었으며 와인이나 맥주는 6000년 전에 이미 존재했다고 합니다.

**위스키, 진, 보드카, 소주 등의 증류주는 양조주를 '증류'해서 만든 술입니다. 증류는 '물과 알코올의 끓는점 차이'를 이용하여 알코올을 일단 기화시킨 후 다시 액화시키는 유출법입니다.** 이때 알코올 도수는 40~60%로 매우 높아서 스피리츠라고도 불립니다. 증류의 프로세스는 제4장에서 설명하겠습니다.

혼성주는 양조주나 증류주에 식물의 열매나 껍질, 향료 등을 첨가한 것으로 매실수나 리큐어가 이에 해당합니다. 여러분도 바에 가셨을 때 색깔이 고운 술을 보신 적이 있을 것입니다. 여기에 쓰이는 것이 대체로 리큐어이며 칵테일을 만들 때 많이 사용됩니다.

# 장기간 오크통 숙성이 필요한 위스키

| 와인 | 맥주 | 소주 | 위스키 |
|---|---|---|---|
|  | |  | |
| 원료 포도 | 원료 보리맥아·홉 | 원료 고구마·보리·쌀 등 | 원료 보리맥아 |
| 당화·발효 | 당화·발효 | 당화·발효 | 당화·발효  |
| 증류 없음 | 증류 없음 | 증류 1회 | 증류 2회 이상  |
| 숙성 있음 | 숙성 없음 | 숙성 있음 | 숙성 있음 |

장기의 경우 **30년** 이상 숙성!

# 위스키의 기원은 어디?

**아일랜드설과 스코틀랜드설이 있다**

증류주의 발상지는 기원전 3~4세기의 메소포타미아라고 하며 연금술을 통해서 발달했다고 알려져 있습니다. 그러면 위스키는 언제, 어디에서 탄생했을까요. 정확하게는 알 수 없지만 아일랜드 발상설과 스코틀랜드 발상설이 있으며, 지금도 논쟁이 이어지고 있는 중입니다.

아일랜드설의 주장에 따르면, 1172년에 잉글랜드 왕 헨리 2세가 아일랜드 침략 당시 병사로부터 '지역 주민들이 우스케보라고 부르는, 곡물로 만든 증류주를 마시고 있다'는 보고를 받았다는 일화가 있지만 기록은 남아 있지 않습니다.

또한 크리스트교 전도사 성 패트릭이나 성 컬럼바의 포교와 함께 연금술사가 움직이고 있었다는 설도 있어서 상당히 이른 단계에서 증류 기술이 전파된 것으로 생각됩니다. 만일 이것이 사실이라면

5~6세기에 아일랜드에서 이미 위스키가 만들어졌다는 것이 됩니다. 다만 그런 경우라면 오크통 숙성은 하지 않은 꽤나 엉성한 스피리츠 같은 것으로 상상할 수 있습니다.

한편 스코틀랜드에서는 1494년에 나온 스코틀랜드 왕실재무성의 출납기록에 '왕명으로 수도승 존 코에게 8보르(1보르 약 63.5kg)의 맥아를 하사하여 아쿠아비테를 만들게 하다'라는 내용이 남아 있습니다. 이것은 위스키에 관한 세계 최고(最高) 문헌이 됩니다. 이 내용은 세계 위스키 관련자들 사이에도 잘 알려져 있으며 1994년에는 위스키 탄생 500주년 축하 행사도 대대적으로 거행되었습니다.

'아쿠아비테'는 위스키의 어원이 되는 단어로 라틴어이며 '생명의 물'이라는 의미입니다. 게일어에서는 '우슈크베하'. 게일이란 대륙에서 아일랜드와 브리튼섬으로 건너간 부족을 말합니다. 그 후 '우슈크베하'가 '우스케보'로 변화한 후 '우시쿠', '우스키'가 되어 지금의 '위스키'로 되었다고 합니다.

또한 당시의 위스키는 증류가 막 끝난 투명한 술을 그대로 마셨던 것 같으며 기호품이라기보다는 약으로 마셨던 것 같습니다. 시간이 흘러 17~18세기에 영국 정부는 스카치위스키 제조 생산자에게 아주 무거운 세금을 부과했습니다. 이 세금을 피하기 위해서 각지에서 밀주 제조가 성행하게 되었습니다. 많은 생산자들이 그렇게 만든 증류주를 오크통에 담아서 깊은 산속 땅에 숨겨 두었습니다. **숨겨 두는 동안 우연히 기간이 지나 버린 술을 마셔 보니 숙성이 되어 향이 가득한 맛있는 술로 변해 있었다**…. 그것이 지금 우리가 알고 있는 호박색을 띤 위스키의 시작이라고 합니다.

뭐 이런 류의 '기원' 이야기는 여러 가지가 있어서 명확하지 않은 점 또한 위스키의 재미이기도 합니다. 위스키의 발상지에 관한 논쟁은 위스키라는 단어의 철자 표기에도 영향을 주고 있습니다. 양쪽 모두 '우리나라야말로 위스키의 원조'라고 주장하기 위해 스코틀랜드산 스카치위스키는 WHISKY라고 하는 반면에 아일랜드산 아이리시 위스키는 WHISKEY로 스카치위스키와 구별하기 위해서 E라는 철자가 들어가 있습니다. 논쟁은 아직 결론이 나지 않았지만 조금 드라마틱한 이야기라고 생각하지 않으십니까?

기원은 스코틀랜드? 아일랜드?

스코틀랜드

에든버러

북아일랜드

영국

더블린

잉글랜드

웨일스

카디프

런던

아일랜드공화국

프랑스

파리

# '싱글 몰트'와 '블렌디드'

**개성적인 싱글 몰트와 마시기 좋은 블렌디드의 차이**

이 책에는 '원주(原酒)'라는 말이 나오는데, 원주란 블렌드하기 전에 오크통에서 꺼낸 위스키를 말합니다(또는 제품이 되기 전 오크통에서 숙성된 상태의 술). 원주에는 몰트위스키와 그레인위스키 두 가지가 있습니다. 각각 원료나 증류 방법, 특징이 다르므로 이제부터 설명해 드리겠습니다.

몰트위스키는 보리맥아(발아시킨 보리: 몰트)만을 원료로 만든 위스키로, 몰트위스키 원주라고도 합니다. 단식 증류기(포트스틸)에서 일반적으로 두 차례 증류하여(최근에는 4회 증류하는 경우도 있습니다) 향미가 강하고 화사하며 깊은 맛이 납니다.

위스키에 관심이 있는 분이라면 '싱글 몰트 위스키'라는 말을 들어본 적이 있을 겁니다. 싱글 몰트란 '단일 증류소에서 만들어진 여러 오크통의 몰트위스키 원주를 섞어서 만든 것'을 말합니다. 각 토지의 물이나 풍토, 기후 등이 함께 녹아든 증류소마다의 특징이 깊이 반영되기 때문에 개성이 뚜렷합니다. 그래서 위스키 초보자들도 맛이나 특징을 쉽게 기억할 수 있으며 맛을 비교하는 즐거움도 있답니다.

증류소의 역사나 제조법의 고수, 양조용수(마더워터)와 사용하는 원료, 증류소가 입지하는 자연이나 풍토 등 그 특징은 하나도 같은 것이 없을 정도로 개성적입니다.

현재 스코틀랜드에 있는 증류소는 건설 예정인 것을 합치면 150개소 이상이며 각각의 증류소가 자부심을 가지고 위스키 제조를 계속하고 있습니다.

싱글 몰트라고 하면 '하나의 오크통'에서 숙성된 원주라고 생각할수도 있지만 그것은 싱글 캐스크라고 합니다(물론 '단일 증류소'이므로 '싱글 몰트'이기도 합니다). 캐스크는 오크통을 의미합니다. 또한 통상 위스키는 가수(물을 섞는 것)하여 알코올 도수를 40~50% 정도로 낮춰서 출하되는데, 가수하지 않고 원주를 그대로 병에 담은 것은 캐스크 스트렝스라고 합니다.

그레인위스키는 옥수수나 밀, 호밀 등의 곡물(그레인)을 주원료로 하는 것으로, 몰트위스키 증류와는 달리 연속적으로 모로미(거르기 전의 술덩어리)(p.214)를 투입하여 연속식 증류기에서 증류합니다. 이렇게 하면 알코올 도수가 90% 이상 올라가고, 단시간에 효과적으로 증류할 수 있습니다. 그레인위스키는 경쾌하고 깔끔한 맛이 특징입니다. 싱글 몰트와 같이 단일 증류소에서 만들어진 그레인위스키를 싱글 그레인위스키라고 합니다.

**이 몰트위스키 원주와 그레인위스키 원주를 혼합한 것이 '블렌디드 위스키'입니다. 몰트위스키의 개성적인 성격을 그레인위스키가 순하고 부드럽게 균형이 맞춰진 위스키로 만들어 줍니다.** 복수의 원주를 블렌드해서 만든 아름다운 하모니는 블렌더의 실력 발휘 현장. 매일 원주의 상태를 체크해 온 프로페셔널만이 보여 줄 수 있는 기술입니다.

어느 쪽을 권하느냐고 묻는다면 망설여집니다만…. 저는 각 증류소의 개성을 즐기고 싶은 분에게는 싱글 몰트를, 마시기 좋은 것을 찾는 분에게는 압도적으로 블렌디드를 권하고 있답니다.

## 싱글 몰트와 블렌디드의 차이

| 몰트위스키 원주 | 그레인위스키 원주 |
|---|---|
|  |  |
| 보리맥아 | 옥수수 등의 곡물 |
| ↓ | ↓ |
|  단식 증류기 |  연속식 증류기 |
| ↓ | ↓ |
|  |  |
| 저장, 숙성 | 저장, 숙성 |

싱글 몰트 위스키　　블렌디드 위스키　　싱글 그레인위스키

 덧붙이면

'싱글 캐스크'란 한 오크통의 위스키만을 병에 담은 것

몰트위스키 증류소

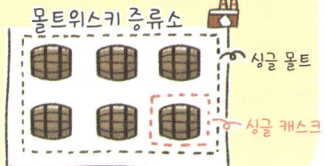

○ 싱글 몰트

싱글 캐스크

# 위스키의 맛과 향을 결정하는 오크통

**오크통의 재질, 전력, 크기가 위스키 맛을 결정한다**

방금 증류한 무색투명한 위스키를 뉴포트라고 부릅니다. 이 단계에서 향미의 골격은 갖추었지만 아직은 거친 스피리츠입니다. 이 뉴포트를 오크통에 담고 장기간 조용히 재워 두면 짙은 호박색이 되며 그윽한 향과 부드러운 맛의 위스키가 되는 것입니다. 이것을 오크통 숙성이라고 합니다.

그런데 위스키를 테이스팅할 때 과일향을 느껴 본 적이 있습니까? 예를 들면 붉은색 이미지에서 라즈베리, 블루베리, 건포도, 딸기, 산딸기 등 건과일의 숙성감이 있는 맛을. 또는 노랑이나 초록색 이미지에서 풋사과, 레몬, 자몽, 서양배 등의 깔끔한 맛을. 이들은 뉴포트가 오크통에 들어가서 일어나는 다양한 변화로 얻어지는 향이기 때문에 오크통 숙성의 선물인 것입니다. 그러므로 오크통은 단순한 저장용기가 아니라 보리나 물처럼 '위스키 원료의 하나'라고 해도 과언이 아닙니다. **이렇게 오크통이 중요한 이유는 오크통**

의 재질, 전력(전에는 무엇에 쓰였는지), 크기에 따라 원주의 성격
이 많이 변하기 때문입니다.

먼저 재질과 전력에 대해 설명해 보겠습니다. 대표적인 것은 화
이트 오크통이며, 현재 스카치위스키 숙성통의 대다수가 화이트 오
크입니다. 미국에서 버번위스키(p.158) 숙성에 쓰였던 오크통을 메
인으로 사용합니다. 버번위스키는 새 오크통만 사용해야 한다는 규
정이 있어서 한 번 사용한 오크통은 퍼스트필이라 불리며 전 세계
증류소가 구입하여 재사용하고 있습니다. 화사한 목재향과 바닐라
향은 버번 오크통만의 향미 특성이랍니다.

산토리가 쓰고 있는 스패니시 오크통은 셰리주라 불리는 와인을
담아서 수년 경과된 오크통입니다. 탄닌을 많이 포함하기 때문에
원주는 붉은빛을 띤 호박색이 되며, 농후한 과일향과 달콤하고 부
드러운 맛이 그 안에서 길러집니다.

미즈나라(물참나무) 오크통은 일본산입니다. 세계대전 이후 수입
오크통 입수가 어렵게 되자 일본 목재로 오크통을 만들게 되었습니
다. 우연히 미즈나라 오크통에 넣어서 장기 숙성시켰더니 아주 맛
있는 위스키가 되어 있었다고 합니다. 미즈나라 오크통이나 스패니

시 오크통은 한 그루의 원목으로 소량밖에 만들 수 없기 때문에 그만큼 고가이며 귀중합니다.

오크통의 크기 또한 숙성 속도나 숙성의 질에 관여합니다. 용량은 180~200리터를 배럴, 230~250리터를 혹스헤드, 480~500리터를 펀천, 버트라고 합니다. 오크통이 크면 클수록 위스키의 부피당 오크통에 접하는 면적은 작아집니다. 즉 오크통으로부터 영향을 작게 받고 온화하게 숙성됩니다. **반대로 오크통이 작으면 용적당 접촉 면적이 많아져 오크통으로부터 받는 영향이 크고 숙성은 빨라집니다.** 그렇다고 해서 '숙성이 빨라지면 맛있어진다'라는 건 아닙니다. 이 점이 숙성의 신비함입니다. 이처럼 위스키는 오크통의 재질, 전력, 크기의 차이를 조합해서 다채로운 원주를 만들고 있는 것입니다. 마실 때 어떤 오크통에서 숙성되었는지를 체크해 보시기 바랍니다.

# 개성을 키우는 다양한 오크통

> 땅딸막한 형태의 펀천 오크통

## 화이트 오크통

고소한 느낌의 몰티와 우디

- 숙성한 사과나 서양배
- 부드러운 향기
- 곡물 계열의 단맛, 비스킷

## 스패니시 오크통

달콤한 과일향 향미 총량이 풍부

- 건과일(건포도, 무화과)
- 달고 부드러운 맛
- 쌉쌀함, 긴 여운

## 미즈나라 오크통

달콤함과 독특한 오크통향

- 밀크캐러멜, 크리미
- 향목의 향기, 긴 여운

## 와인 오크통

달콤한 향기를 가져다주는 화사함이 특징

- 딸기, 복숭아
- 부드럽게 번지는 달콤함과 크리미
- 달고 깨끗하게 입안에서 사라짐

# 다채로운 원주의 분리 제조

**시대의 변화에 대응하기 위해 100종 이상의 원주를 만들다**

지금까지 원주의 다채로움에 대해서 설명했습니다만, 스카치위스키의 몰트위스키 증류소에서는 일반적으로 여러 개를 분리 제조하는 경우는 적어, 한 증류소가 증류 단계에서 여러 타입의 위스키를 만드는 경우는 거의 없습니다. 조금 차이 나는 타입을 만들었다고 하더라도 스모키함의 정도나 오크통의 종류에 변화를 두는 것에 중점을 둡니다.

그도 그럴 것이 싱글 몰트 위스키로 출하되는 것은 생산량의 10%로, 대부분 블렌디드 위스키 제조에 사용되기 때문입니다. **스코틀랜드에서는 여러 증류소의 위스키 원주를 구입해서 배합하기 때문에 각 증류소가 추구하는 것은 원수의 개성입니다.** 그 향미가 변하면 사활이 걸린 문제가 되는 것입니다. 한편 산토리는 일본인의 기호를 위해서 시대의 변화에 맞게 다양한 향미의 위스키를 지속적으로 만들고 있습니다. 추구하는 것은 원주의 다채로움입니다. 그것을 위해서 제조하는 사람들은 기술을 계승하면서 분리 제조 기술을 연마하고 지속적인 연구와 실험을 통해서 증류소의 개량, 개선을 반복하고 있습니다. 그리고 원주를 관리하는 블렌더는 매일 방대한 양의 오크통 원주 상태를 체크하는 것을 게을리하지 않습니다.

　다채로운 원주를 어떻게 사용하는가에 대해서는 p.47 그림을 봐 주세요. 황색과 청색 원이 원주이며 녹색 원이 제품이라고 합시다. **그림처럼 여러 가지 황색과 청색을 준비한 다음 그것을 합쳐서 녹색을 실현하도록 해 두면 만일 그중 하나가 다소 변화를 일으켰다고 하더라도 같은 녹색을 유지할 수 있겠지요.** 또한 상상했던 녹색을 표현할 수도 있습니다. 이렇게 해서 시대나 기호의 변화에 맞춘 새로운 '녹색'을 창출할 수가 있다는 것입니다. 산토리 몰트위스키 증류소에서는 2종의 발효조, 32기의 포트스틸, 다양한 종류의 오크통을 조합함으로써 세계에서 찾아볼 수 없는 다채로운 원주의 분리 제조를 실행하고 있습니다. 그 수는 무려 100종 이상이 됩니다.

　물론 원료에 따른 분리 제조도 실시하고 있습니다. 보리, 효모, 물, 그리고 증류소가 있는 토지의 기후나 풍토 등이 그에 해당합니다. 보리에는 두줄보리와 여섯줄보리가 있는데 최근에는 이 외에도 여러 가지 품종을 연구하여 위스키 제조에 활용하고 있습니다. 효모도 디스틸러리 효모, 맥주효모 등이 있어 사용법에 따라 맛이 변합니다.

분리 제조할 때 양조용수의 질도 위스키 맛에 큰 영향을 미칩니다. 위스키 제조에는 기본적으로 연수가 적합하다고 하는데, 경도라는 점에서 일본은 스코틀랜드와 수질이 비슷한 장소가 많습니다. 그리고 야마자키증류소와 하쿠슈증류소는 수질이 너무 달라서 위스키의 개성에 영향을 미친다는 것을 오랜 연구로 알게 되었습니다. **야마자키 물은 경도 90 정도, 하쿠슈 물은 경도 30 정도로 성질이 다르지만, 그렇다고 해서 각 증류소의 물을 교환하더라도 같은 것을 만들 수는 없습니다.** 그 토지의 기후나 풍토의 영향도 크며 이 메커니즘은 아직도 확실하게 밝혀지지 않았습니다.

마셔서 맛있는 물이라고 해서 양질의 위스키가 만들어지는 것은 아닙니다. 많은 시간을 들여 어떤 재료를 어떤 물에 담아서 그것을 어떤 제조법으로 증류해서 숙성까지 가지고 갈 것인가. 모든 공정에서 분리 제조를 위해 오랫동안 시행착오를 반복하는 것이 중요하며 그 경험에서 알 수밖에 없는 참으로 심오한 세계이기도 합니다.

## 각 공정에서 시행착오 끝에 원주를 분리 제조한다

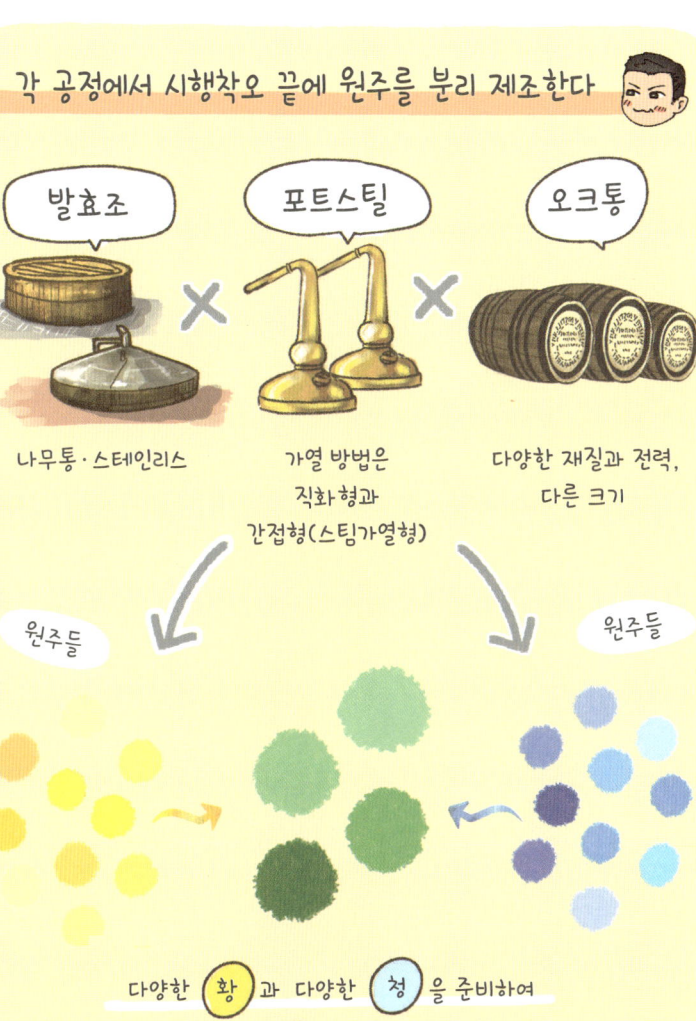

발효조

포트스틸

오크통

나무통·스테인리스

가열 방법은
직화형과
간접형(스팀가열형)

다양한 재질과 전력,
다른 크기

원주들

원주들

다양한 (황) 과 다양한 (청) 을 준비하여

그것을 합쳐서 (녹) 을 표현하도록 해 두면

그중 하나가 다소 변화하더라도 같은 (녹) 을 유지할 수 있다.

게다가 원하는 (녹) 을 언제든지 표현할 수 있다.

# 왜 변신을 결심했을까

**배구선수가 위스키 전도사로?**

제목만 보면 위스키와는 그다지 관계없는 것처럼 생각될지도 모르겠지만, 제가 누구인지 알고 나서 이 책을 읽는 것이 좋을 것 같아서 여기서 제 소개를 조금 하고자 합니다.

꽤 멋있는 변신으로 순풍만범(順風滿帆)이라고 생각하실지 모르겠습니다. 그러나 원래 저는 배구선수로서는 엘리트도 아니며 춘계 고교배구대회도, 국제대회에도 출전하지 못했지만 어쩌다 인연이 닿아서 전일본대표 선수 경력이 있습니다. 그렇기 때문에 은퇴 후 일반적인 선수들이 생각하는 것과는 조금 다른 감정이었다고 생각합니다. 보통은 V리그(일본 최고봉 배구 리그) 선수가 은퇴하면 지도자나 팀스텝이 되는 것이 압도적으로 많습니다. 물론 팀 의견에 달려 있긴 하지만요.

제 경우는 은퇴 후 망설임 없이 영업직에 지원했습니다. 앞서 말한 것처럼 엘리트가 아니었기 때문에 배구에 집착해서 다른 가능성을 막고 싶지는 않았기 때문입니다. 여러 기지 일에 도전해 보고 싶었으며, 그중에서도 회사 일에 전념해서 바닥부터 시작한다면 여러 가지 경험을 할 수 있을 것이라고 생각했습니다.

일을 하기 시작한 것은 서른세 살, 주위에 비해 많이 늦었던 것이 사실입니다. 주위는 영업 일에 능한 20대 사원, 그 속에서 신입사원 같은 지식과 스킬을 지닌 30대였으니까요. 매출은 그럭저럭 올렸지만, 위스키에 대한 지식이 그다지 없었기 때문에 술자리에서조차 억울하고 외로운 경험을 한 적도 있었습니다. 그래도 포기하지 않고 일에 전념하기는 했지만 도무지 앞이 보이지 않는 상태였습니다. 남들에게는 그저 평범하게 일하고 있는 것으로 보였을지도 모릅니다. 하지만 저는 여러모로 뒤처져 있어서 2년이 지나도 활로가 보이지 않는 상황이었습니다. 그 뒤로 '머리말'에서 말한 것처럼 위스키를 만나서 마스터 자격을 취득하고 강사로서 계발 활동에 정진하고 있지만, 재미있는 것은 자격을 딴 것 때문에 인생이 크게 변하게 된 것입니다(물론 좋은 의미로).

지금은 스스로 멋있는 인생을 걷고 있다고 생각하고 있습니다. 하지만 한 가지 일에 집중한다는 것은 커리어로는 상당히 무서운 일입니다. 회사에서는 인재 육성을 위해서 이동과 승진으로 다른 업무를 체득하고 다시 이동하는 것이 상식이라고 봅니다. 저처럼 전혀 다른 두 가지 업무(소속회사는 하나지만)에만 푹 빠진다는 것은 꽤 특이한 유형입니다. 그렇지만 지금은 위스키에 대해서 아직 모르는 것이 많기 때문에 더 푹 빠지고 싶습니다(웃음).

# CHAPTER
# 2

위스키 즐기는 법

오늘 밤도 위스키를 배우려고 바에 찾아 왔습니다.

사사키 씨와 만난 며칠 후

오빠, 아직 주문 못 했어?

지난번엔 위스키가 어떤 술인지 알게 되어 즐거웠는데

이 위스키 어떻게 마시는 게 좋을까?

그게… 뭘로 할지 이미 정하긴 했는데…

'스트레이트' 가 좋지 않나.

헤~ 그건 전에 사사키 씨가 권해 준

어때?

음, 그것도 좋긴 한데. 나도 조금은 위스키를 알았으니 다른 방법도 시도해 보고 싶네~.

그러고 보면 위스키는 막상 닥치면 어떻게 마시는 게 좋은지 모를지도.

굳이 고집하자면 온더록스?

역시 스트레이트 인가!

그건 바로

반짝

위스키 마시는 방법은

사사키 씨!

마시는 사람의 기분이나 맛을 어떤 식으로 즐기고 싶은가에 따라 다양하게 변화하는 거랍니다!

빠방!

착一

예를 들면

일 끝나고 수고했다는 의미의 한 잔이라면 하이볼로 시원하게 목을 축이고

오늘밤은 조용하게 보내고 싶다면

스트레이트로 위스키와 마주하며 마시고.

저는 오늘 하이볼 기분이에요!

그렇군요. 기분에 따라 마시는 방법을 달리하는군요.

그걸로 할께요.

그렇다면 보모어는 어떻습니까? 스모크향과 소다의 밸런스가 최고에요.

---

*스위츠: 달콤한 과자를 뜻함

초콜릿 아이스크림

Vanilla
Ice Cream

마시는 법 외에도 위스키와 무엇을 곁들일까…

예를 들면 스위츠*와의 '마리아주'**도 최고입니다!

**마리아주: 조합

---

그런 것은 상상도 못했어요.

반짝 반짝

어머! 스위츠를요?

축이 되는 부분은 원재료가 같은 맥류이기 때문에 위스키와의 궁합이 최고죠.

축이 되는 부분은 밀

위스키는 보리

예를 들면 흔한 쵸콜릿 과자

CHOCO LATE

화과자와의 조합도 아주 좋아요.

의외일지 모르지만 팥떡이나 팥고물도!

팥소 너무 좋아!

사사키의 최고 추천 마리아주

야마자키에는 미타라시당고가 어울리니까 한번 시도해 보세요☆

위스키를 이렇게 여러 가지 방법으로 마실 수 있다는 걸 전혀 몰랐네요.

싱글 벙글

다른 술과 비교해 봐도 주법이 다채롭고 폭넓어서

위스키 한 병으로 다양하게 즐길 수 있는 것도 위스키의 장점이죠.

오늘 밤은 스위츠와 위스키로 느긋하게 보내야지~.

# 위스키의 여러 가지 음용법

**스트레이트에서 하이볼까지 다채롭게 즐길 수 있다**

이 장에서는 위스키를 즐기는 여러 가지 방법에 대해서 말하고자 합니다. 기본적으로는 마시는 사람의 자유로운 주법이 좋습니다. 하지만 증류주인 위스키는 무언가로 희석할 수 있어 냉수나 소다는 물론 온수, 녹차, 최근에는 콜라를 섞어서 마시기도 합니다.

우리는 위스키 본래의 그윽한 향과 깊은 맛이 나는 스트레이트부터 시작합시다. 좀 작은 글라스에 30㎖ 정도의 위스키를 따르고 옆에는 큰 글라스에 얼음과 물 등으로 가득 채운 체이서를 준비합니다. 체이서는 위스키와 교대로 마시면 입안이 리프레시되어 위스키 본래의 맛을 즐길 수 있습니다.

다음은 얼음 위에 부어 마시는 온더록스입니다. 글라스 안의 얼음이 '바위' 같지요? 얼음의 종류에 따라서도 위스키 맛은 변합니다. **온더록스는 시원하고 차갑게 입에 와 닿는 맛이 생명이기 때문**

에 글라스를 식혀 두는 것이 기본 원칙. 위스키를 따르기 전에 얼음을 넣은 글라스에 물을 가득 넣어 섞어 둡니다. 글라스가 차가워지면 물을 버리고 다시 추가로 얼음과 위스키를 따릅니다. 가장 천천히 녹는 것은 동그랗게 빚은 둥근 얼음입니다.

하프록은 위스키의 향과 맛을 부드럽게 끌어내 줍니다. 온더록스처럼 적당량의 위스키와 물을 1대 1로 따릅니다. 소다나 토닉워터라도 OK입니다.

소다를 넣는 것은, 익숙한 하이볼 음용법. 충분히 차갑게 식힌 글라스에 얼음을 넣고 위스키와 소다를 1대 3~4의 비율로 섞습니다. 여기서 포인트는 젓는 것으로, 마지막에 머들러를 세워 한 번만 젓는 것입니다. 탄산이 달아나지 않도록 합시다. 정말 상쾌합니다.

트와이스업은 위스키를 상온수와 1대 1로 섞어서 마시는 방법입니다. 얼음도 넣지 않습니다. 차갑지 않기 때문에 테이스팅 글라스를 조용히 돌리면 위스키 본래의 향기가 화사하게 번집니다. 이 방법을 좋아하는 전문가도 많습니다.

그리고 일본에서는 주종을 이루는 미즈와리 음용법. 식사에 술을

**곁들이는 일본에서 생겨난 음용법입니다.** 물이 위스키 맛을 부드럽게 감싸서 순하고 은은한 단맛을 느낄 수가 있습니다. 위스키와 물의 비율은 1대 2나 2.5를 추천합니다.

미스트는 글라스에 잘게 부순 얼음을 가득 넣는 것으로, 글라스 외면이 하얀 안개에 둘러싸인 것처럼 보이는 것이 이름의 유래라고 합니다. 보기에도 청량감이 있습니다. 잘게 부순 얼음은 위스키와 닿는 면적이 커서 위스키를 급격하게 냉각시킬 수 있답니다.

추운 계절에는 핫위스키. 손잡이가 달린 글라스에 위스키를 따르고 3배 정도의 온수(약 80℃)로 희석합니다. 따뜻한 김과 함께 향기가 올라와서 꽤나 긴장을 풀어 줄 수 있는 음용법입니다. 레몬이나 시나몬 등을 첨가해도 맛있답니다.

위스키플로트도 재밌답니다. 텀블러에 적당량의 물을 붓고 머들러를 이용해서 아주 천천히 위스키를 따르면 비중의 차이로 위스키가 위로 '떠오르는' 것입니다. 조금씩 마시면 마시는 동안 스트레이트에서 미즈와리로 서서히 변해 가는 것이 특징입니다.

# 위스키의 여러 가지 음용법

하이볼
HIGH BALL

스트레이트
STRAIGHT

스트레이트로
마실 때…

트와이스업
TWICE UP

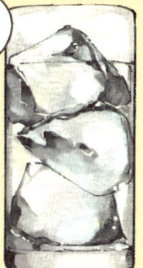

체이서
CHASER

미즈와리
WHISKEY AND WATER

온더록스
ON THE ROCKS

하프록
HALF ROCK

핫위스키
HOT WHISKY

위스키플로트
WHISKY FLOAT

미스트
MIST

# 하이볼의 유래와 인기의 비결

**골프공이 날아와서 '이것이 하이볼이다!'**

　하이볼은 지금에야 누구나 아는 위스키 음용법이 되었지만, 그 어원도 알고 계십니까? 여러 가지 설이 있지만 그중 하나가 골프 발상지인 스코틀랜드에서 위스키 앤 소다를 마시고 있는데 높이 떠오른 골프공이 떨어지는 것을 보고 '이것이 하이볼이다!'라고 소리친 데서 유래했다는 설입니다. 다른 하나는 미국에서 철도 신호기가 있기 전 과거에 기둥 끝에 공을 매달아 신호를 보냈다고 합니다. 그 공을 높이 올리면 '서둘러라'라는 의미였는데 서둘러 간단히 만든다는 의미로 하이볼이라고 불렀다는 설도 있습니다. 저는 스코틀랜드의 골프 설이 유력하지 않을까 생각하는데 하이볼을 마시면서 이런 대화를 하는 것도 즐겁답니다.

　그런 하이볼이 일본에서 지금처럼 인기가 높아진 이유는 일본인의 알코올 내성이 서양인에 비해 낮기 때문에 깔끔하고 마시기 좋은 소다로 희석하는 음용법에 익숙한 사람이 많다는 것입니다. **게**

다가 일본에서는 식사 중에 술을 마시는 습관이 있는데 여러 가지 식사에 어울리는 것이 하이볼이었다는 것입니다. 식사의 기름기나 요리의 뒷맛을 하이볼의 탄산이 씻어내려서 깔끔하게 한다는 것이 받아들여져 붐의 원동력이 된 것 같다는 생각이 듭니다. 확실히 하이볼이라면 일식에 어울리지만, 맛이 진한 중화요리와도 어울립니다. 입안이 깔끔해져 술도 요리도 잘 넘어간답니다.

일본에서는 하이볼을 간판 메뉴로 쓰는 바도 굉장히 많아졌습니다. 저마다 연구를 거듭해서 얼음을 사용하지 않고 위스키 그 자체를 차갑게 하거나 토핑으로 특색을 만드는 등 다양한 음용법으로 즐기고 있는 것도 하이볼 붐 덕분이랍니다.

그렇지만 유럽, 특히 스코틀랜드나 아일랜드에서는 하이볼이라는 음용법은 일반적이지 않습니다. 어느 바에서나 위스키를 주문하면 거의 예외 없이 스트레이트가 나옵니다. 그리고 '물'. 이것은 스트레이트 위스키의 가수용입니다. 물이나 소다를 원할 때는 별도로 체이서를 주문하는 것이 일반적입니다.

전용 도구 같은 건 필요 없군요! 집에 있는 걸로 충분하겠어요!

머들러 얼음 소다 위스키

글라스

극히 흔한 집술 세트

준비할 것은 단지 이것뿐입니다!

이렇게 하면 글라스 안쪽이 충분히 차가워 집니다.

달그락 달그락

그리고 머들러로 달그락 달그락 얼음을 저어 주세요.

우선 얼음을 넣어 주세요.

땡그렁~

녹은 물에는 냉장고 속 식자재 냄새나 불순물이 섞인 경우가 있습니다.

여기 보세요. 얼음이 녹아서 이만큼이나 물이 생겼죠.

65

물은 전부 버려 주세요.

이 물을 섞어서 하이볼을 만들면 맛있을 이유가 없으니까

네!

우웃~

소다를 부으면 특제 하이볼 완성이군요!

이제 드디어 위스키를 부어요.

톡

톡

저어서 섞으면 얼음이 녹으니까 얼음을 더 넣읍시다.

그렇다고 하고 싶지만 여기서 소다를 넣으면 온도 차이가 나기 때문에 위스키를 넣은 후 한 번 더 저어서 섞어 줍니다.

한 번만 밑에서 위로 가볍게 섞어요.

한 번이면 되는군요.

달그락

마지막으로 소다가 얼음에 닿지 않도록 조심스럽게 부어 주세요.

짜 잔~

집에서도 가능합니다! 본격적이고 맛있는 하이볼

완성!

이야~

짝짝짝

여러분도 꼭 만들어 보시기 바랍니다.

글라스 안쪽을 두 번 차갑게 식히고 얼음도 세정했기 때문에 시간이 지나도 맛이 변하지 않는 하이볼이 됩니다.

아주 차갑고 탄산이 확실히 남아 있어서 맛있어요!

우아, 맛있어요!

# 위스키로 만드는 칵테일

**다양한 조합이 가능하며 무한의 즐기는 법을 감추고 있는 음료**

바의 즐거움 중 하나로 칵테일이 있습니다. 여기서는 위스키로 만드는 칵테일을 소개하고자 합니다. 먼저 칵테일의 정의입니다. '술 + 부원료'라는 뜻이며, 종류가 다른 술을 섞어서 만든 음료를 일컫습니다. 위스키에 무언가를 섞어서 만든 음료는 위스키 칵테일이라고 부릅니다.

칵테일의 스타일은 크게 '쇼트', '록', '롱' 세 종류가 있습니다. 쇼트는 흔들다 멈췄다 해서 칵테일글라스에 부은 것으로, 대부분 얼음이 들어가 있지 않기 때문에 짧은 시간 내에 차가울 때 즐기는 것입니다. 록글라스에 얼음을 넣고 만든 것이 록칵테일, 롱은 텀블러 등으로 마시는 칵테일로 얼음이 들어가서 긴 시간 차갑게 즐길 수 있습니다.

바에서 흔히 마시는 유명한 위스키 칵테일로서는 맨해튼, 민트줄렙, 아이리시커피, 갓파더 등이 있습니다.

맨해튼은 19세기 중반부터 전 세계에서 마셔 온 '위스키 칵테일의 여왕'으로서 특히 인기가 있답니다. **민트줄렙은 버번위스키에 대량의 민트와 설탕을 넣어서 만든 칵테일로, 세계적으로 유명한 켄터키 더비의 공식 음료가 되기도 했습니다.** 여름철에 어울리는 아주 깔끔한 느낌입니다. 아이리시커피는 아이리시 위스키를 커피로 희석한 음료인데 커피의 로스트감과 위스키의 맛이 아주 잘 어울린 음료입니다. 갓파더는 이탈리아 살구 리큐어(아마레토)의 풍미가 깃들어 있어 달고 부드러워서 마치 스위츠 같습니다.

제가 흥미롭게 생각하는 위스키 칵테일은 14세기 스코틀랜드와 잉글랜드의 전쟁에서 이름이 붙여진 '배넉번'입니다. 스카치위스키에 우스타소스, 토마토주스, 소금을 넣어 만든 것으로, 이름만으로는 약간 상상하기 어려운 레시피랍니다. 그리고 또 하나 흥미로운 것은 숙취 다음 날 마시는 칵테일 '헤어오브더독'입니다. 원래는 영어로 '해장술'이라는 의미로 쓰이는 관용구입니다. 스카치위스키에 생크림과 꿀을 넣는 레시피라서 왠지 위에 좋을 것 같은 느낌이죠 (웃음).

위스키 칵테일은 베이스가 제대로 되어 있기 때문에 레시피 만드는 사람, 그리고 마시는 사람 각각의 감성이나 취향을 비롯해 돌연히 나타나는 영감 등으로 인해 레시피가 무한히 넓어집니다. 같은 칵테일 명인데도 바텐더의 만드는 방법이나 레시피의 강약, 글라스나 장소의 분위기, 그리고 그때 나누었던 대화에도 표정을 바꾸어 갑니다. **자, 같은 위스키 칵테일을 다른 장소에서 마셔 보시기 바랍니다. 꼭 새로운 발견이 있을 것입니다.**

여기서 소개한 위스키 칵테일 외에도 정말 많은 칵테일이 있기 때문에 바텐더에게 여러 가지 유래를 배워 가면서 마셔 보는 것도 즐거운 시간이 될 것입니다. 익숙해지면 위스키의 종류에 따라 어울리는 재료 등도 알게 됩니다. 예를 들어 민트줄렙 등은 위스키의 종류를 바꾸면 놀랄 정도로 맛이 변해서 재미있으며, '아이리시'커피를 '스카치'커피로 시험해 봐도 아무 문제가 없습니다.

# 위스키베이스의 대표적인 칵테일

## 갓파더

- 스카치위스키…45㎖
- 아마레토…15㎖
- 얼음을 넣은 글라스에 부어서 가볍게 저어준다.

## 맨해튼

- 캐나디안 위스키…45㎖
- 스위트베르무트…15㎖
- 아로마틱비터스…1㎖
- 섞어서 칵테일 글라스에 따른 후 레드체리를 장식한다.

## 민트줄렙

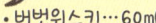

- 버번위스키…60㎖
- 설탕…2작은술
- 소다…적당량
- 민트…4~6장
- 글라스에 민트잎과 설탕, 소다를 넣고 설탕을 녹여가면서 민트잎을 가볍게 눌러서 향기가 나게 한다. 잘게 부순 얼음을 가득 담고 위스키를 따른 후 섞는다. 민트잎을 장식한다.

## 아이리시커피

- 아이리시 위스키…30㎖
- 설탕…1작은술
- 핫커피…적당량
- 생크림…적당량
- 따뜻하게 데운 와인글라스에 설탕을 넣고 뜨거운 커피와 위스키를 붓는다. 생크림을 띄운다.

# 처음에는 '외관'으로 위스키를 고르자

**병 모양을 포함해서 좋아하는 디자인인지 아닌지**

　**이것은 완전히 사견입니다만, 위스키를 직접 사거나 바에서 주문할 때 무엇을 선택할지 망설여지면 아무튼 처음에는 멋있어 보이는 병이나 라벨로 선택하는 것이 가장 좋다고 생각합니다.** 병 모양을 포함해서 자신이 좋아하는 디자인인지 아닌지가 중요합니다.

　와인의 라벨은 사실 위스키에 비해 어렵고 정해진 규정이 있어서 전부 똑같아 보이는 디자인의 라벨로 되어 있습니다. 그러나 위스키 라벨에는 규정이 거의 없기 때문에 매우 자유롭습니다. 만약 바에 가 본 적이 있다면 한번 기억을 떠올려 보세요. 바 뒤쪽 백바에 나란히 세워져 있는 위스키병들의 '높이', '형상', '라벨'이 다양하지 않았던가요?

　예를 들면, 야마자키(山崎)는 붓으로 쓴 먹글씨가 멋있다든가, 히비키(響)는 병의 커팅이 아름답다든가(몇 면으로 깎여 있는지 바에 가서 보시죠!), 짐빔은 라벨 문자의 폰트가 쿨하다든가. 앨범 재킷을 보고 구매하듯이 자신의 감각으로 선택하는 것이 가장 즐겁다고 생각합니다. 위스키에 관한 지식을 알고 나서 접할 때보다 자신의 감각으로 선택했을 때 위스키 맛은 각별하고 인상에 남습니다.

　무엇을 숨기겠습니까? 저도 처음에는 라벨로 위스키 세계에 들어 갔습니다. 아무튼 라벨이 멋있었습니다. 이제부터는 맛이 자신에게 맞는지 어떤지 바텐더에게 여러 가지 물어보기도 하고, 역사를 알아본다든지 하면서 취향의 깊이를 더해 가면 좋을 것입니다. 그다음으로 흥미가 생기면 라벨에 적혀 있는 '창업 연도'와 '창업자', 그리고 증류소가 위치한 토지 등에 대해서 점차 알아보게 되는 것입니다. 특히 병에 기재되어 있는 '암호 같은 숫자'를 스스로 해석해 보는 것도 즐거움을 줍니다.

　참, 외관으로 말하자면 메이커스마크(p.75)라는 버번위스키도 빼놓을 수 없습니다. 새빨간 초로 봉인되어 있어서 외관이 화려하고 멋있지 않습니까! 이 초 봉인은 전부 공장 장인의 수작업입니다. 그래서 **병 하나하나 봉인의 모양이 다릅니다.** 새로운 메이커스마크를 볼 때마다 '이 사람은 섬세하구나'라든지 '이 사람은 온화한 사람이구나' 하고 추측하는 것도 재미가 있답니다. 이 위스키는 라벨도 조금 재미있으므로 라벨을 볼 때는 다음 포인트를 체크해 보시기 바랍니다.

라벨 좌측에 있는 작은 로고 마크, 이것은 가문의 흔적을 표시하고 있다고 합니다. 이 증류소를 본격적으로 창업한 것은 스코틀랜드·아일랜드계 이민자 테라 윌리엄 새뮤얼스이고, 대히트시킨 사람은 빌 새뮤얼스 시니어로 테라의 4대손입니다. 그래서 동그라미 안에 새뮤얼스가의 'S', 4대손의 'IV', 그리고 스타필팜이라는 농장에서 만들어진 원료를 사용하고 있기 때문에 '☆' 표시가 그려져 있습니다. 라벨 측면에는 토지 이야기도 적혀 있답니다.

로고를 둘러싼 동그라미에 끊어지는 부분이 4군데 있는 것을 눈치채셨나요? 이것은 제1차 세계대전, 제2차 세계대전, 남북전쟁, 미국의 금주법으로 위스키 사업이 4번 중단되었던 것을 의미하며 '앞으로는 절대로 위스키 사업이 중단되지 않게 하겠다'는 마음으로 '수레바퀴'를 그렸다는 설이 유력합니다.

**이처럼 외관으로 고른 위스키의 에피소드를 발굴해 가는 것도 위스키 애주가로서는 즐거운 시간이 된답니다.**

# 메이커스마크의 빨간 초 봉인과 라벨

숙련된 장인이 병
하나하나 수작업으로
완성시킨다.
세계 어디에도 똑같은
것은 없다.

로고 마크는 가문의 흔적. 생산이 중단되었던 시기를 의미하는
4개의 끊김은 버번 제조가 두 번 다시 중단되지 않으면 하는
바람이 함축되어 있다.

# 위스키 시음하는 법

**최초의 아로마, 입안에서의 테이스트, 마지막 애프터테이스트**

　천천히 음미하기 위해서 먼저 준비할 것은 윗부분이 오므라지는 튤립형으로 스템(다리 부분)이 있는 테이스팅 글라스입니다. 없으면 작은 와인글라스도 괜찮습니다. 명확한 룰은 없으니까요(웃음).

　위스키를 글라스에 1/4(30ml) 정도 차분히 부은 후, 우선 그 호박색의 농담을 천천히 관찰합니다. 나라에 따라서 원료나 제조법이 다르므로 색으로 알 수 있는 정보도 여러 가지입니다만 스카치위스키라면 그 색을 보는 것만으로도 대략의 숙성 연수나 오크통의 재료를 상상할 수 있습니다.

　다음으로 글라스를 손에 들고 천천히 돌리면서 흔들어 보면 글라스 안쪽에 묻은 위스키가 흘러내리고 줄처럼 남는 것을 볼 수 있습니다. 이것으로 점성(끈적거림)을 알 수 있습니다. 눈물처럼 흐르는 것이지만 우리는 이것을 레그라고 부릅니다.

글라스 입구에 코를 가까이 대고 향(아로마)을 맡을 준비를 합시다. 알코올 도수가 높은 술은 콧구멍의 감각을 마비시키므로 살짝 손으로 저어서 향을 느낍시다. 이것을 노징이라고 합니다. 조금 강한 알코올향을 느꼈으면 알코올 1에 대해 물을 1이 조금 모자라게 추가해 보시죠. 이렇게 하면 향기가 좀더 진해져 아로마를 느낄 수 있습니다.

이제 위스키를 입에 넣어 보겠습니다. 처음에는 코로 향을 맡으면서 입에 넣습니다. 그리고 혀 위에 올려놓고 굴리면서 맛을 봐 주세요. 인간의 혀는 쓴맛, 단맛, 짠맛을 느끼는 부분이 다르기 때문에 천천히 위스키를 혀 위에 번지게 해서 마십니다. 마시고 나서 코로 빠져나가는 향기도 테이스팅 포인트입니다. 이것을 애프터테이스트라고 합니다.

프로에게도 코로 느끼는 아로마, 혀로 느끼는 테이스트, 마신 후의 애프터테이스트 이 세 감각은 테이스팅의 기본입니다.

이처럼 위스키의 테이스팅은 마지막 여운을 즐기는 것까지가 과정이며 다양한 향과 맛이 얼굴을 내밉니다. 시간과 장소, 하다못해 기온 등에 따라서도 테이스트가 변하기 때문에 여러 곳에서 마셔 보는 것도 별미입니다.

  그리고 좋아하는 위스키의 맛과 향을 어떻게 유지할지, 그 보관
법도 궁금하시겠죠? 위스키병은 유색인 것이 많은 것에서 알 수 있
듯이, 직사광선을 피해야 하므로 반드시 차고 어두운 곳에 보관해
주십시오. 가끔 냉장고에 넣어서 식히는 분이 계십니다만 가정용
냉장고는 다른 식자재의 냄새가 옮겨지기 때문에 금물입니다. 주방
의 지하실 등에 보관하는 것이 가장 좋습니다.

  위스키는 유통기한을 정할 필요가 없는 것이 규정입니다. 그러나
역시 시간이 경과함에 따라 맛이 떨어집니다. 대체로 봉인을 딴 날
로부터 길게는 1년, 제 감각으로는 3개월이라고 할까요(오래 두면
알코올 도수도 떨어집니다). 바의 보틀킵(마시던 술을 병째 보관하
는 것)은 3개월 정도가 보통입니다. 그 정도 기간 안에 다 마시는 것
이 위스키 본래의 좋은 맛과 향을 즐길 수 있는 기간이기 때문이 아
닐까요.

# 위스키 테이스팅 방법

**1.**

'색'을 확인한다.
이름이나 연수에 따라 변하는
농담이나, 저장통에 따라 달라지는
색의 차이를 알아본다.

**2.**

물을 조금 첨가하고 글라스를
흔들어 피어나는 향(아로마)을
즐긴다. 처음에 코에 와 닿는
향기뿐만 아니라 서서히
나타나는 개성을 느낀다.

### 테이스팅 글라스

튤립형 글라스의
가장자리가 열려 있어서
향과 맛을 잘 조합시켜서
느낄 수 있다.

**3.**

입에 넣고 혀 위에서
굴리면 풍미의 특징이
스며들어 온다. 부드러운
달콤함과 복잡한 그윽함을
느낀다.

**4.**

'입안에 남아 있는 향과
맛(애프터테이스트)'까지
확실하게 즐긴다.

# 위스키와 마리아주

**미각, 후각을 자극해서 서로의 맛을 상승시키는 마리아주**

위스키는 오크통에서 나오는 용출 성분이 많기 때문에 개성이 강하거니와 기본적으로 알코올 도수가 높아서 좀처럼 식문화와는 거리가 있었다고 생각합니다. 지금도 많은 나라, 특히 스코틀랜드나 아일랜드에서는 '식전주'나 '식후주'로 즐기는 사람이 많습니다.

그러나 일본은 술, 특히 위스키에 관해서는 독자적인 문화를 걸어왔다고 말합니다. 일식집에서는 1980년대 블렌디드 위스키의 미즈와리가 유행이었습니다. 근래 10년은 음식점에서 하이볼이 메뉴에 없는 집이 없을 정도입니다. 이번에는 위스키와의 궁합이 아주 좋은 안주나 먹거리에 대해서 이야기하려고 합니다. **위스키는 미각, 후각을 자극해서 식욕을 돋움으로써 서로의 맛을 상승시키는 마리아주(술과 음식의 궁합) 효과도 있는 것입니다.**

우선 위스키는 보리를 비롯한 곡물이 원료이기 때문에 같은 곡물이 원료인 전병이나 떡 같은 먹거리와는 기본적으로 궁합이 맞습니다. **스모키한 위스키는 연기로 훈연한 훈제 음식과의 궁합이 아주 좋습니다.** 또 발효도 위스키를 만드는 공정 중 하나이기 때문에 발효식품과도 잘 어울립니다(된장 등이 여기에 해당합니다). 참, 치즈도 바에서 자주 나옵니다. 미국의 버번위스키라면 역시 천연 수제 육포가 잘 어울리겠지요. 만약 햄이라면 약간 맛이 떨어질지도 모르겠습니다. 양식에 비해 맛이 담백한 일식에는 역시 미즈와리가 잘 어울립니다.

하이볼과 닭튀김의 조합도 음식점에서는 일반적인 메뉴가 되었는데 이것은 닭튀김의 유분을 하이볼의 산미가 씻어내려 주기 때문입니다. 엄밀히 말하면 마리아주가 아니지만, 이것도 위스키와 음식의 좋은 관계랍니다.

**또한 싱글 몰트의 테이스트를 여러 가지 음식과 조합해 보는 것도 즐겁다고 생각합니다.** 예를 들면 하쿠슈는 버번 오크통이나 혹스헤드 오크통 등 비교적 작은 오크통을 사용해서 숙성시킨 몰트위스키이기 때문에 깔끔한 맛의 식재가 어울립니다. 소금과의 조합도 잘 어울립니다. 한편 야마자키는 스패니시 오크통에서 숙성시킨 원주가 특징인 프루티한 맛의 몰트위스키이기 때문에 진한 미각의 음식이 어울립니다. 간장 소스 계통이 어울리겠지요. 조금 의외일 수도 있겠지만 야마자키는 콩떡이나 팥고물과 아주 잘 어울립니다. 그 외에도 시나몬이 뿌려진 음식 등과 함께 마시면 매우 맛있습니다.

그리고 그 위스키에 피트(p.103)가 잘 먹혔는지 어떤지에 따라 함께 즐기는 음식도 달라집니다. 적당히 좋은 피트감이 있는 보모어는 증류소가 해안에 있다는 토지 특색도 있어서 굴 등의 해산물이 매우 잘 어울립니다.

위스키와 잘 어울리는 스위츠도 있답니다. 초콜릿은 물론 아이스크림도 스패니시 오크통 유래의 위스키와 잘 맞습니다. 농후한 맛의 바닐라아이스크림은 야마자키 등과도 잘 어울립니다.

그렇다고 해서 즐기는 방법에 룰이 있는 것은 아닙니다. **지금 위스키는 바에서 조용히 마신다…는 것뿐만 아니라 모든 방면에서 음식과의 마리아주를 즐기는 시대입니다. 아무튼 직접 여러 가지 음식과의 조합을 시도하면서 나만의 마리아주를 발견해 봅시다 .**

위스키 안주와 마리아주

견과류

초콜릿

치즈

스트레이트나
온더록스에는

아이스크림과도
최상의 궁합

Vanilla
Ice Cream

숙성 원주의 오크통
풍미에 맞춰서 선택

소금에는
버번 오크통 숙성
위스키

보모어는
굴에 몇 방울
떨어뜨린다.

간장 소스에는
스패니시
오크통 숙성
위스키

# 위스키'와' 칵테일

## 위스키와 토마토와 대합

위스키 칵테일은 여러 종류가 있습니다만, 위스키'와' 칵테일을 함께 즐긴다고 하면 어떨까요? 물론 과음은 금물이기 때문에 두 잔을 시간을 들여서 천천히.

십수년 전 영업부에서 바를 담당할 당시, 어느 가게에서 충격적인 칵테일을 마셨습니다. 그것은 '블러디시저'. 혹시 '블러디메리'는 들어 보신 적이 있을지도 모르겠습니다. '블러디메리'는 잉글랜드의 여왕이었던 '메리여왕'에서 유래한 것. '블러디시저'는 로마 황제가 유래라고 이야기합니다. 엄밀히 말하자면 레시피에 미미한 차이는 있지만 큰 것은 희석 재료가 토마토주스와 크라마토주스라는 차이. 크라마토주스란 토마토주스에 조개인 대합의 엑기스를 섞어서 향신료 등을 첨가한 것. 당연히 크램차우더의 '크라'와 토마토의 '마토'랍니다.

왜 위스키 이야기가 이것과 연결되느냐 하면, 제가 처음 이것을 마셨을 때 '피트향 위스키와 이 칵테일을 마시고 싶다!'라는 것을 직감적으로 느껐기 때문입니다. 그래서 아일라섬(스코틀랜드)의 위스키를 마시고 블러디시저를 체이서를 하면…. 과언이라 할 수도 있지만 내게는 풀코스 식사를 하는 느낌이었습니다. 당시 크라마토주스는 업소용이 대부분이었기 때문에 우리가 손에 넣고 싶어도 인터넷이나 상당히 큰 슈퍼마켓에 가지 않으면 살 수 없었습니다. 그것도 매우 높은 가격으로. 그래도 인터넷으로 구입해서 만들어 본 기억이 있습니다. 거기에 우스타소스와 타바스코를 뿌리지만 역시 중요한 것은 '무슨 위스키를 고를까'였다고 생각합니다. 엑기스가 강한 칵테일이기 때문에 그에 못지않은 그러나 자기주장이 너무 강하지 않은 피트향이 필요합니다.

여기서도 정답은 없습니다. 여러분도 바에서 마음이 내키면 주문해 보시기 바랍니다. '체이서로서의 칵테일'에 따라서 '위스키의 테이스트'가 변하기 때문에 흥미롭습니다.

# 세계 5대 위스키를
# 비교하면서 마셔 보세요

버번을 온더록스로요.

마스터님, 스카치로 추천을…

어느날

BAR nuts

그러면 위스키가 만들어지는 나라는 몇 나라지?

스카치에 버번…

그리고…

일본도 유명하지.

그건 스코틀랜드랑 아메리카,

도와주세여…

굽신

굽신

우ㅡ

우ㅡ

오빠도 모르잖아.

제페니즈는 향기가 풍요롭고 마시기 좋네요.

예! 스카치는 스모키해서 아주 인상적이에요.

어때요? 각각 차이가 있어서 흥미롭지요?

잘 먹겠습니다!

지금 두 분이 비교하면서 마신 다섯 병의 위스키는

저마다 '세계 5대 위스키'를 대표하는 보틀입니다.

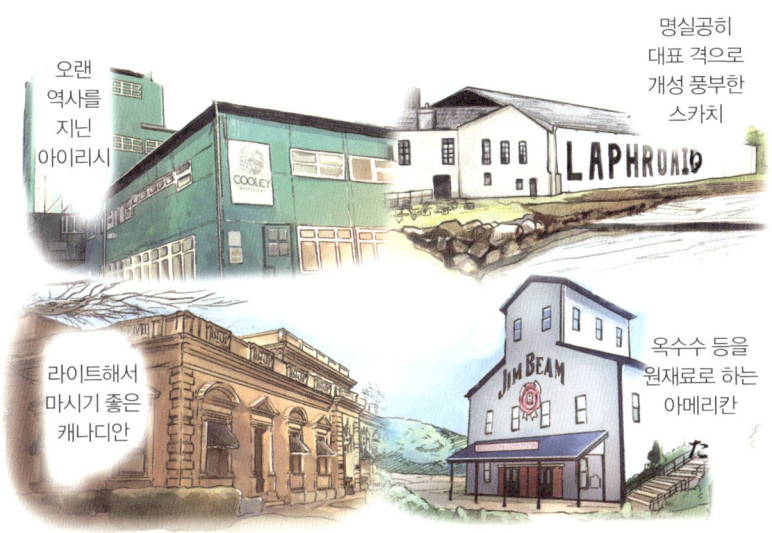

오랜 역사를 지닌 아이리시

명실공히 대표 격으로 개성 풍부한 스카치

라이트해서 마시기 좋은 캐나디안

옥수수 등을 원재료로 하는 아메리칸

일본 위스키는 최근 한층 더 인기가 높아져서

그리고 재패니즈.

일본 위스키가 세계에서 인기라니 대단해요.

지금은 세계에서 주목받고 있답니다.

세계 5대 위스키를 맛본다는 것은 세계여행을 하는 것이라고 저는 생각합니다.

스코틀랜드 서해안 아일라섬에 있는 보모어 증류소는 바다에서 가장 가까운 곳에 있습니다. 제1저장고가 해발 0미터에 위치할 정도니까요. 바다 향기와 기품 있는 풍미는 이런 특징을 가진 입지가 키운 것이랍니다.

볼을 쓰다듬어 주는 것 같지 않습니까?

그 풍경을 상상하면서 마시면 아일라섬의 피트 습원에 부는 바닷바람이

살랑…

살랑…

어른의 취미 같은 느낌이 멋있어요!

로맨틱!

여러분, 세계 5대 위스키 꼭 마시고 비교해 보시기 바랍니다.

# '세계 5대 위스키'란?

**기술, 품질, 생산량 등 다방면에서 평가받는다**

위스키의 기원은 스코틀랜드 또는 아일랜드이지만 이후 미국과 캐나다에 전해져 각각 독자적인 위스키 제조로 발전되었습니다. 일본에 위스키가 전해진 것은 에도 막부 말경으로, 위스키 제조가 시작된 지 이제 100년 정도되었습니다.

세계 위스키 산지 중에서 높이 평가되고 있는 곳이 스코틀랜드, 아일랜드, 미국, 캐나다, 그리고 일본. 이들은 '세계 5대 위스키'라고 불립니다. 이 5개국에서 만들어지는 위스키는 기술, 품질, 생산량 등 다방면에서 평가받고 있으며 전 세계의 위스키 팬을 매료시켜 왔습니다. 또한 생산 방법은 물론이고 산지의 기후와 풍토 등 자연환경에 따라서 맛과 향에도 큰 차이가 나고 있습니다.

우선 스카치위스키는 위스키 왕국으로 알려진 스코틀랜드산입니다. 스코틀랜드 내 6대 산지에 있는 몰트위스키 증류소들의 개성적인 원주가 특징입니다. 이들에 관해서는 오직 보리맥아만을 원료로 하고 3년 이상의 저장 연수가 필수라는, 독자적이고 엄격한 규정이 있습니다. **전 세계 위스키 생산량의 약 60% 이상을 차지하고 있으며 근래에는 개성을 즐길 수 있는 싱글 몰트의 인기가 높습니다.**

아이리시 위스키로 알려진 아일랜드산 몰트위스키는 스모키 풍미가 없는 것이 많으며 단식 증류기로 3회 증류해서 라이트하고 온화한 향미가 특징입니다. 한때 쇠퇴한 적도 있지만 근래 다시 증류소가 증가하는 등 다시 주목을 받고 있습니다. 최근에는 2회 증류로 피트를 입힌 것이 인기를 모으고 있습니다.

아메리칸 위스키는 생산 효율이 뛰어난 연속식 증류기를 주로 사용하며, 원료인 보리맥아는 물론 옥수수, 호밀, 밀 등의 원료를 구분해서 사용합니다. 옥수수를 51% 이상 사용한 버번위스키가 유명하며, 반드시 안쪽을 그을린 새 오크통을 사용해야 하는 규정이 있어서 독특한 바닐라향이 특징입니다.

캐나디안 위스키도 연속식 증류기를 사용하는 경우가 많으며 옥수수 등을 원료로 한 베이스 위스키에 보리류 등을 원료로 한 플레이버링 위스키를 섞어서 맛이 편향되지 않고 입에 부드럽게 와 닿습니다. 내용물의 몇 %까지는 '캐나디안 위스키 이외의 물질을 섞어도 좋다'는 규정도 흥미롭습니다.

그리고 재패니즈 위스키는 '몰트위스키의 경우 원료는 보리맥아로만 만들며 스카치위스키처럼 단식 증류기에서 2회(3회 이상도 있음) 증류를 거칠 것'이라고 규정하고 있습니다. 5대 위스키 중 역사는 깊지 않지만 고품질로 세계에서 평가받고 있습니다.

만드는 나라마다 위스키의 타입, 원료, 증류 방법, 저장 연수 등에 관한 규정이 다르긴 하지만 '곡물을 원료로 당화하고, 발효 후에 증류시켜서 오크통에 저장 숙성시킨 술'이라는 위스키의 대원칙에는 확실히 부합하는 제조법으로 만들고 있습니다.

그러면 다음 페이지부터 5대 위스키의 차이에 대해서 설명해 가겠습니다!

# 세계 5대 위스키 지도

## 🏴󠁧󠁢󠁳󠁣󠁴󠁿 스카치 위스키

### 만들기

**몰트위스키**
맥아

**그레인위스키**
옥수수, 맥아

### 맛의 특징

맥아를 건조시킬 때 피트를
태우기도 해서 제품에 특유의
스모키 향미가 더해진 것도
있다.

## 🇨🇦 캐나디안 위스키

### 만들기

옥수수, 호밀, 맥아
등

### 맛의 특징

깔끔한 맛.
플레이버링 위스키와
베이스 위스키를 섞는다.

## 🇮🇪 아이리시 위스키

### 만들기

맥아, 보리,
옥수수 등

### 맛의 특징

전통적인 제조법은 3회 증류.
피트를 사용하지 않아 부드러움.
근래에는 2회 증류, 피트 사용.
자극적인 맛도 많음.

## 🇯🇵 재패니즈 위스키

### 만들기

**몰트위스키**
맥아

**그레인위스키**
옥수수, 맥아

### 맛의 특징

숙성도가 높고 화사함.
단맛을 연상시키는 향기.
향미가 우아하고 풍미 밸런스가
잘 맞고 깊이가 있음.

## 🇺🇸 아메리칸 위스키

### 만들기

옥수수, 호밀, 맥아

### 맛의 특징

바닐라향. 안쪽을 그을린
새 화이트 오크통에서 숙성
(버번위스키).

## 스카치위스키

**증류소가 150여 개로 전 세계 생산량의 약 60%**

스코틀랜드는 영국의 최북단에 위치하는 나라입니다. 면적 약 79,000km², 인구 540만 명 정도로 홋카이도와 비슷한 규모입니다. 잉글랜드, 웨일스, 북아일랜드와 함께 영국을 이루는 구성국 중 하나입니다.

스코틀랜드는 1707년 잉글랜드 왕국과 통합하여 연합 왕국을 이루었으며 그 후 산업혁명의 중심지가 되었습니다. 19세기 말경부터 위스키가 주요 수출 품목이 되었고 현재 가동 중인 증류소는 150여 개나 됩니다. 세계 5대 위스키의 산지 중에서도 압도적으로 많은 증류소 및 명품수를 자랑하고 있으며 그 생산량은 전 세계의 약 60%를 차지하고 있을 정도입니다.

스카치위스키의 존재감이 높은 데는 원료인 보리의 생산지라는 점, 위스키 숙성에 적합한 기후라는 점, 스모키 향미의 원료가 되는 피트(p.103)를 포함한 토양이 많다는 점 세 가지가 작용했습니다. 이들은 위스키 만들기에 적합한 조건이며 그렇기 때문에 다종다양한 위스키를 만들어 낼 수 있는 것이죠.

스카치위스키는 법률에 의해서 다음과 같이 정의됩니다. 그 엄격함이 세계 위스키 중에서도 각별한 대우를 받는 이유입니다.

〈스카치위스키의 법 정의〉
1. 물과 이스트균과 보리맥아만을 원료로 한다(통곡물도 가능).
2. 스코틀랜드의 증류소에서 당화, 발효, 증류를 행한다.
3. 유출 시의 알코올 성분이 94.8% 미만이 되도록 증류한다.
4. 용량 700ℓ 이하의 오크통에 담는다.
5. 3년 이상 숙성시킨다.
6. 스코틀랜드 안에서만 숙성시킨다.
7. 물과 (색 조정을 위해서) 스피릿 캐러멜 이외의 첨가를 인정하지 않는다.
8. 병에 담는 최저 알코올 성분은 40% 이상이어야 한다.

**스카치위스키 산지는 크게 나누어 여섯 군데입니다.** 우선 스코틀랜드 전체를 남과 북으로 크게 나누어 보겠습니다. 여기에는 지리적인 경계선이 아무것도 없으며 가상선만 존재하는데, 동단의 던디라는 마을과 서단의 그리녹이라는 마을을 선으로 연결한 경계선의 북측을 '하이랜드', 남측을 '로우랜드'라고 구별하고 있습니다.

이 하이랜드 지역 중심지의 동쪽에 위치하는 '스페이사이드'로 말하자면 50개 정도의 증류소가 있는 지역입니다. 스코틀랜드 서쪽으로 튀어나온 킨타이어반도에 있는 것이 '캠벨타운'이라는 마을입니다. 그리고 위스키 팬이라면 누구나가 동경하는 성지 '아일라섬'. 저는 그 아일라섬의 위스키를 가장 좋아해서 화두에 오르면 밤을 샐정도입니다(웃음).

하이랜드 서쪽 주변 군도는 '아일랜즈'라고 총칭하는데 섬마다 개성 있는 위스키를 세상에 선보이고 있습니다. 최근에는 헤브리디스제도를 내측과 외측(이너헤브리디스와 아우터헤브리디스)으로 나누기도 합니다.

그럼 다음 페이지부터 스코틀랜드 6개 산지의 특징과 대표적인 위스키를 소개하겠습니다. 먼저 제가 가장 좋아하는 '아일라섬'부터입니다!

# 스카치위스키 6대 산지 지도

스
카
치

아
이
리
시

아
메
리
칸

캐
나
디
안

재
패
니
즈

## 아일랜즈

옛날 바이킹이 지배하고
있던 오크니 제도 외,
스카이섬, 마루섬, 주라섬,
아랑섬 등에 증류소가 있다.

## 스페이사이드

스코틀랜드 3대 하천 중
하나, 북해로 이어지는
스페이강의 지류 유역과 그
주변에 증류소가 정재한다.

## 하이랜드

본토는 산악 지역이 많으며
서해안은 피오르(협만) 지형.
타탄이나 백파이프 등은
하이랜드의 전통문화.

## 아일라섬

헤브리디스 제도의
최남단에 위치한다. 면적은
아와지섬보다 약간 크며
인구는 약 3500명.

## 로우랜드

수도 에든버러, 글래스고
등의 도시가 있다.
스코틀랜드의 정치,
경제의 중심지.

## 캠벨타운

킨타이어 반도의 끝에 있는,
인구 약 5000명 정도의
작은 마을.

# 아일라섬:
# 위스키 팬의 '성지'

**아일라몰트의 특징은 피트로 인한 스모키 플레이버**

스코틀랜드의 서해안 수백 개 섬들이 이어지는 헤브리디스 제도의 최남단에 자리한 아일라섬은 일본의 아와지섬보다 조금 크며(약 620km²) 인구는 3500명 정도입니다. 이 작은 섬이 스페이사이드(p.114)와 어깨를 나란히 하는 '위스키의 성지'로서 전 세계 위스키 팬들로부터 주목받고 있습니다.

아일라섬은 위스키를 만들기 위해서 존재하는 것 같은 섬입니다. **현재 라프로익, 보모어, 아드벡, 라가불린 등 유명한 곳을 시작으로 2022년 기준 9개의 증류소가 가동되고 있으며 그중 8개의 증류소가 해변에 있습니다.** 기후는 멕시코만류의 영향으로 스코틀랜드 본토보다 온난한 날이 많으며 일조 시간도 극단적으로 짧아서 약간 흐린 날이 많습니다. 또한 비가 자주 내리기 때문에 기후 불안정으로 비행기 착륙이 어려운 날도 있습니다(실제 저도 한 번 비행기가 이륙할 수 없어서 결국 섬으로 건너가지 못했던 적이 있습니다).

**아일라섬 위스키의 특징은 뭐니 뭐니 해도 독특한 스모키 플레이버겠지요.** 처음 마시는 분은 아마 그 강렬함에 놀라실 겁니다. 처음에는 틀림없이 약품 냄새를 느낄 것입니다. 그것은 맥아 건조 시 사용되는 '피트'의 선물입니다. 아일라섬의 몰트위스키(아일라몰트)는 전 세계 팬의 마음을 사로잡고 있습니다(저도 그중 한 사람…).

그러면 피트란 어떤 것일까요? **피트란 스코틀랜드 북부 들판에 많은 야생초나 수생식물 등이 탄화된 이탄을 일컫습니다.** 이것은 수천 년에 걸쳐서 퇴적된 것이며 놀랍게도 아일라섬의 1/4이 피트 층으로 덮여 있다고 합니다.

피트는 몰트위스키의 향을 특정하는 중요한 역할을 담당하고 있습니다. 보리에서 맥아를 만들면서 피트를 태워 그 연기로 맥아를 건조시킵니다만, 그 훈연 향이 맥아에 배어서 아일라섬 위스키 특유의 스모키한 향이 만들어지는 것입니다. 그리고 아일라섬의 피트가 해조를 포함하고 있고 해안에 증류소가 있다는 점이 위스키에서 바다향이 나는 이유입니다. 신기하지 않습니까.

또한 아일라섬의 물은 전부 갈색인 것이 인상적입니다. 뭐랄까, '맑은데 갈색입니다'. 이 섬을 처음 방문하는 사람은 물이 갈색이라는 것에 우선 놀랍니다. 그러나 그것은 섬 전체를 뒤덮고 있는 피트의 영향이며 불순물이 섞여 있기 때문이 아닙니다. 제가 섬에 있는 어느 호텔에 묵었을 때 수도꼭지를 열자 짙은 갈색물이 나와서 깜짝 놀랐습니다만, 조심조심 마셔 보니 너무나 맛있어서 감동했던 것을 기억합니다.

**그런 개성적인 맛을 강렬하게 유지하는 아일라몰트는 수많은 블렌디드 스카치위스키에는 빠트릴 수 없는 원주이며, 보모어나 라프로익 등은 전 세계에 싱글 몰트 붐을 일으킨 위스키이기도 합니다.** 저는 아일라몰트의 스모키함에 완전히 사로잡혀서 다른 위스키로는 뭔가 모자람을 느끼게 되었을 정도입니다. 물론 개성이 너무 과해서 호불호가 갈라지는 경우도 있기는 하지만, 아일라몰트 특유의 애프터테이스트에서 혹하고 코로 빠져나가는 강렬한 향을 즐기는 습관이 생겨서 바에 가면 거의 항상 마시고 있답니다.

## 스카치위스키
# 아일라섬 증류소 지도

스
카
치

아
이
리
시

아
메
리
칸

캐
나
디
언

재
패
니
즈

아일라섬

주라섬

## 라프로익증류소

1815년 창업. 포트엘런 동쪽의 조용하고 아름다운 하구에 접하고 있다. '라프로익'이란 게일어로 '넓은 하구의 아름다운 분지'라는 의미로 그 풍경은 스코틀랜드에서도 으뜸을 다툰다.

① 아드벡
② 아드나호
③ 보모어
④ 부룩라디
⑤ 부나하벤
⑥ 쿨일라
⑦ 킬호만
⑧ 라가불린
⑨ 라프로익
⑩ 포트엘런
　　(가동 예정)

# 아일라섬을
# 방문했을 때

**경치와 어우러진 증류소를 꿈꾸던 선현들의 자부심**

　지금까지 세계 각국의 증류소를 방문해 왔지만 최종적으로 어디를 동경하느냐 하면 망설임 없이 스코틀랜드의 아일라섬입니다. 세계 위스키 팬들 중 같은 생각이신 분이 많을 거라 생각됩니다.

　글래스고 마을에서 40분가량 경비행기를 타고 아일라섬으로 가는 길은 바람이 강하고 항상 흐린 날씨입니다. 아드벡, 라프로익, 라가불린 등 유명 증류소의 저장고가 비행기에서 내려다보이지만, 페리에서 보이는 저장고의 풍경은 또 다른 느낌입니다. 하얀 벽에 증류소라는 검은 글씨가 눈에 들어왔을 때는 가슴이 떨렸습니다. 그런 멋진 풍경은 역시 아일라섬입니다. 19세기부터 그곳에 세워졌다고 하는 역사의 깊이도 위스키 팬의 마음을 사로잡습니다.

　경치로 말하자면 보모어증류소는 어디서 봐도 아름답습니다. 하지만 저는 만의 맞은편 해안 도시 포트샬롯으로 가는 도중에 바라

보는 경치가 가장 아름답다고 느낍니다. 증류소에서도 저장고의 풍경은 보는 각도에 따라 다르게 보입니다. '자신이 좋아하는 각도와 장소'를 발견하는 것 또한 증류소 방문의 즐거움 중 하나입니다. 이처럼 증류소의 풍경을 여러 각도에서 보면 아주 먼 옛날부터 경치 속에 어우러져 있는 증류소를 꿈꾸던 선현들의 자부심을 느끼게 된답니다.

**아일라섬은 어디를 가더라도 강물이나 해안선이 피트색으로 물들어 있는데 그 요인이 되는 피트가 10cm 퇴적되는 데 수백 년, 장소에 따라서는 1000년이 걸린다고 합니다.** 그런 피트를 어떤 지역에서는 지금까지 연료로 쓰고 있으며 생활 속에서 아주 중요시하고 있습니다. 세계적으로 보더라도 독특한, 이 섬에서만 채굴할 수 있는 피트를 사용하기 때문에 그야말로 '아일라의 여왕'이라고 불리는 보모어나 라프로익 등의 명품이 탄생된 것입니다. **만약 이 섬에 피트가 없었다면 '아일라섬 위스키'는 존재하지 않았겠지요.**

그리고 섬 안에 있는 핀라간 호수는 제가 좋아하는 장소입니다. 중세에는 바이킹들이 활약했던 곳인데 일찍이 주변 섬들의 국왕 제관식이 이 호수 안에 세워진 궁전에서 거행되었다는 이야기가 남아 있습니다. 지금은 궁전의 흔적도 없지만 비석에 그 설명이 새겨져 있습니다. 아무튼 해는 비치지 않고 호수는 피트층의 영향으로 칠흑같이 검으며 심지어 강한 바람과 추위, 호수 외에는 아무것도 없는 곳…. 예외 없이 위스키 팬만 찾아오며 관리인이 사용하는 오두막이 하나 있을 뿐이지만 전 세계 위스키 팬에게는 그야말로 성지 중의 성지인 곳입니다.

또한 아일라섬은 섬이 이루고 있는 모양 때문에 '마녀의 섬'으로 불리기도 합니다. 섬 안에 있는 교회는 건물이 원형이라 라운드처치라고 하며 현지에서는 악마가 숨을 곳이 없는 건물이라고 합니다. 이처럼 정신적인 부분에서도 스토리가 있는 섬입니다.

여행사를 운영하는 친구가 증류소만을 순방하는 투어를 기획해서 호평을 받고 있었습니다. 일본에서 여행 정보지에 증류소 순방이 특집으로 실리는 일이 많아지고 있습니다. 역시 그 기획에서도 아일라섬 1박은 필수가 되어 있습니다. 현지 여행사도 아일라증류소 순방 투어를 개최하고 있으니까 여러분도 언젠가 위스키 성지인 아일라섬을 방문해 보시기 바랍니다.

# 피트를 태워서 맥아의 발육을 멈춘다

### 플로어 몰팅

보리의 발아를 촉진하기 위해서 바닥에 펼쳐진 보리를 수시간마다 목제 삽 등으로 뒤집어서 산소를 공급한다. 지금은 기계를 이용해 자동으로 뒤집는 것이 주류다.

### 피트(이탄) 채굴

피트는 퇴적된 식물이 오랜 세월에 걸쳐 탄화한 것. 건조시켜서 맥아의 발육을 멈추는 연료로 사용하기 때문에 위스키가 훈연향을 띠게 된다.

**싱글 몰트**

피트가 입혀진 개성적인 맛으로 세계를 매료시키다

# 라프로익

LAPHROAIG

라프로익 10년
창업년: 1815년   증류소: 라프로익증류소
용량: 750ml   알코올 도수: 43%

## 찰스 국왕도 즐겨 마시는 영국 왕실 진상용 스카치

쾌활한 피트향과 바다향을 연상시키는 개성적인 맛으로 전 세계 위스키 팬을 매료하는 라프로익.

아일라섬 남부에 있는 라프로익증류소의 창업은 1815년. 강 하구에 면해서 세워진 건물의 아름다움은 스코틀랜드 증류소 중에서도 으뜸을 다툴 정도. 지금도 제맥 공정은 전통적인 플로어 몰팅으로 행하고 있으며 피트향은 해조를 연상시킨다. 숙성용 오크통은 퍼스트필 버번 오크통이 메인. 스모키하면서도 바닐라향을 가진 독특한 향기는 인기가 편향적이기는 하지만 한번 빠지면 습관이 되는 맛.

영국 찰스 국왕도 황태자 시절부터 좋아했으며 그 높은 품질 덕에 싱글 몰트 위스키로서는 첫 왕실 진상품으로 인정받았다.

### 사사키의 메모

'호불호'의 도전 몰트. 최근에는 묵직한 피트의 위스키가 많이 늘기는 했지만 드라이하고 짠맛도 있습니다. 머리를 맑게 하고 싶을 때 좋습니다. 습관이 되면 빠져나올 수 없는 테이스트입니다.

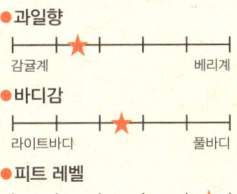

### 테이스팅 노트

**향미의 특징:** 아일라섬 장인의 수작업으로 만든, 피트가 먹힌 맥아로 탄생한 싱글 몰트. 진한 피트향과 바다를 연상시키는 향이 강렬. 맛은 개성이 강하고 독특. 약간 짠맛과 드라이한 뒷맛이 특징.

**색:** 짙은 금색
**향:** 경쾌한 피트, 바다
**맛:** 부드럽고 약간 기름진 감칠맛
**피니시:** 해조를 연상시키는 독특하면서도 마음이 편해지는 뒷맛

**●과일향**

감귤계 ──★──┼──┼── 베리계

**●바디감**

라이트바디 ──┼──★──┼── 풀바디

**●피트 레벨**

라이트 ──┼──┼──┼──★ 헤비

**주요 숙성 오크통:** 퍼스트필 버번 오크통

**●라인업**

**라프로익 셀렉트:** 셰리, 페드로 히메네스의 숙성에 사용한 오크통과 유러피안 오크의 셰리 오크통, 퍼스트필 버번 오크통에서 숙성시킨 여러 원주를 블렌딩. 그것을 새로운 아메리칸 오크통에서 다시 숙성시킨다. 과일 풍미의 단맛이 피어난다.

**스카치**

아이리시

아메리칸

캐나디안

재패니즈

바다에 안긴 아일라몰트

# 보모어
## BOWMORE

보모어 12년
창업년: 1779년   증류소: 보모어증류소
용량: 700ml   알코올 도수: 40%

## '아일라의 여왕'이라고 일컫는 고급스러운 맛

보모어는 강렬한 개성을 나타내는 아일라몰트 중에서 강하지도 약하지도 않은 절묘하면서도 섬세하게 균형을 이루는 피트향으로 초심자라도 마시기 좋은 것이 특징. 스모키하면서도 꿀처럼 달콤함이 느껴지는 과일 풍미의 고급스러운 맛으로 '아일라몰트의 여왕'이라고 불리고 있다.

보모어증류소는 1779년 창업으로 아일라섬에서 가장 오래된 역사를 자랑하고 있다. 보모어란 게일어로 '거대한 암초'를 뜻하는데 작은 항구 옆에 세워진 증류소의 모습이 마치 바다에 떠 있는 요새 같다. 바람이 강한 날은 정면에서 파도가 치기 때문에 증류소 안은 항상 파도 냄새로 가득하다. 또 저장고도 해발 0m에 위치해서 위스키가 오랜 기간 바닷바람을 쐰 결과 독특한 바다향이 맛에 나타나게 된 것이 특징이다.

### 사사키의 메모

'베스트 밸런스 아일라'라고 불릴 정도로 아일라위스키를 맛보는 한 잔으로는 탁월한 위스키. 바닷바람을 느끼면서 마시고 싶은 위스키. 하이볼로도 스트레이트로도 역시 밸런스가 깨지지 않는 맛.

## 테이스팅 노트

**향미의 특징:** 보모어를 대표하는 일품. 마음이 편해지는 스모키감과 부드러운 과일향의 조화가 절정. 마시기 좋은 순한 느낌 속에 벌꿀처럼 달콤하고 고급스러운 향과 함께 개성적인 바다향도 느껴진다.

**색:** 호박색
**향:** 스모키, 레몬, 벌꿀
**맛:** 스모키, 다크초콜릿을 연상시키고 따뜻함을 느끼게 하는 감칠맛
**피니시:** 길고 섬세함.

● 과일향
감귤계 ——————★—— 베리계

● 바디감
라이트바디 ——————★ 풀바디

● 피트 레벨
라이트 ————★—— 헤비

**주요 숙성 오크통:** 버번 오크통

● **라인업**

**보모어 15년:** 버번 오크통에서 12년간 숙성시킨 원주를 올로로소 셰리 오크통에서 다시 3년간 숙성. 우디하면서 감미로운 맛.
**보모어 18년:** 셰리 오크통에 의한 보모어 특유의 달콤함이 특징.

# 스페이사이드:
# 가장 증류소가 많은 지역

**몰트위스키 중에서도 가장 화려하고 풍부한 향미를 발한다**

스코틀랜드의 증류소를 지역별로 볼 때 가장 많은 증류소가 있는 곳이 스페이사이드라는 지역입니다. 하이랜드 지방 동부에 위치한 이 지역은 위스키 원료가 되는 보리의 유명 산지로, 기후가 위스키 제조에 적합하며 토지 또한 수자원이 풍부합니다. 면적은 2000km$^2$ 정도로 도쿄도와 거의 같은 크기입니다.

스카치위스키의 고향이라고도 불리는 스페이사이드. 스페이 강은 스코틀랜드 3대 하천의 하나이며 가장 유명한 강. 길이는 약 160km이며, 스페이호에서 북해로 흘러가는 급류에서는 연어 낚시가 아주 유명한 강(스코틀랜드에서 연어 낚시는 신사들의 스포츠)입니다. 이 스페이강 연안에는 많은 증류소가 있으며, 맥캘란 등의 증류소도 이 강 연안에 있습니다.

그 외에도 많은 하천이 있어서 맑고 깨끗한 물에 둘러싸인 토지입니다. 스페이강 지류 유역과 그 주변에 세워진 증류소에서 만들어진 몰트위스키의 총칭을 스페이사이드몰트라고 부르고 있습니다. 또한 이 지역에는 계곡이 많으며 증류소 사이로도 강이 흐르는 등 환경이 훌륭합니다. 스페이사이드 전체에서도 '스페이강 유역의 증류소군'으로 구별할 정도입니다.

**스페이사이드에는 글렌피딕, 더글렌리벳, 글렌파클라스, 글렌그란트 등 '글렌'이라는 이름이 붙은 증류소가 많습니다. 글렌이란 게 일어로 '계곡'이라는 의미입니다.** 이 지역은 19세기 초까지 밀조가 성행했었는데 당시에는 비합법 증류소가 1000여 개 이상이나 점재하고 있었다고 합니다. 생산자는 세금을 피하기 위해 제품을 골짜기 바닥에 숨길 수밖에 없었습니다. 그래서 계곡이라는 이름으로 시작하는 증류소가 많은 것입니다. 이제 바에 가면 백바를 한번 살펴봐 주시기 바랍니다. '글렌'으로 시작하는 위스키가 상당히 많을 것입니다.

스페이사이드 몰트는 스카치 몰트위스키 중에서도 특히 화려하면서도 향기롭고 부드러운 테이스트를 가진 인기 제품들이 모여 있으며, 다른 토지의 몰트위스키에 비해서 맛의 밸런스가 좋고 아주 순하다는 평가를 받고 있습니다. **더글렌리벳증류소는 1824년 정부**

스카치

아이리시

아메리칸

캐나디안

재패니즈

115

공인 제1호 증류소가 되었으며 위스키 제조의 원조라고도 할 수 있는 **장소입니다.** 이 지역의 양질의 몰트위스키는 타 지역의 많은 블렌디드 위스키를 만드는 데도 크게 공헌하고 있습니다.

**스페이사이드는 하이랜드 지역에 속해 있지만 엄밀한 경계선이 설정되어 있는 것은 아닙니다.** 제품에 따라서는 증류소가 스페이사이드에 있지만 라벨에는 하이랜드라고 표기되어 있는 경우도 다수 있습니다.

스페이강 연안에 크라이겔라키라는 마을이 있습니다. 호텔이 몇 군데밖에 없고 위스키 외에는 아무것도 없는 작은 마을이지만 전 세계 위스키 팬이 동경하는 바가 있습니다. 하이랜더인이라는 작은 호텔 지하에 일본인이 오너인 바가 있습니다. 전 세계의 귀한 위스키가 바의 선반을 가득 채운 훌륭한 바입니다. 위스키 팬이 되어 스페이사이드에 갈 기회가 있다면 반드시 가 보시기 바랍니다. 걸어서 30초 되는 거리에 있는 크라이겔라키호텔 바도 리뉴얼해서 편안한 느낌의 바가 되었습니다. 그곳도 추천해 드립니다. 아무튼 그 마을에 가면 틀림없이 바 릴레이를 하게 될 것입니다(웃음).

## 스카치위스키
## 스페이사이드 증류소 지도

### 글렌피딕증류소

창업은 1886년. '글렌피딕'은 게일어로 '사슴계곡'을 의미한다. 블렌디드 위스키의 전성기인 1963년에 싱글 몰트를 세계시장에 출시하여 전 세계 사람들의 혀를 사로잡았다.

**에르긴지구**
① 벤리악
② 글렌버기
③ 글렌엘긴
④ 롱몬
⑤ 밀튼더프

**키스지구**
⑥ 스트라스아일라

**로제스지구**
⑦ 글렌그란트

**다흐타운지구**
⑧ 발베니
⑨ 글렌피딕

**디베트지구**
⑩ 더글렌리벳

**스페이강 중, 하류역**
⑪ 아벨라워
⑫ 카듀
⑬ 크래건모어
⑭ 글렌파클라스
⑮ 맥캘란

스카치 / 아이리시 / 아메리칸 / 캐나디안 / 재패니즈

**싱글 몰트**

오크통에 대한 정열이 만든 차세대 스탠더드

# 맥캘란

## The MACALLAN

맥캘란 더블캐스크 12년
창업년: 1824년  증류소: 맥캘란증류소
용량: 700ml  알코올 도수: 40%

## 장점을 완벽하게 융합시킨 오크통 사용법의 개척자

1824년 하이랜드지방의 두 번째 정부 공인 증류소로 발족된 맥캘란. 라벨에 그려져 있는 이스터 엘키스 하우스는 1700년에 세워진 것으로, 맥캘란의 영혼이 깃든 건물이라고 불리는 상징적인 존재이다.

제조의 최대 포인트는 숙성에 사용하는 셰리 오크통이며 독자적 제조 공정에서 정성을 다해 만든 오크통만을 사용한다. 특히 2017년 리리스된 더블캐스크에는 유러피언 오크통과 아메리칸 오크통이라는 각각 다른 지방에서 벌채된 오크 재료를 사용한 셰리 오크통을 사용. 양쪽의 장점이 완전하게 융합됨으로써 향기롭고 부드러워 균형이 좋은 맛은 차세대 스탠더드로 불린다. 셰리 오크통 원주의 왕도를 맛보기에는 아주 적합한 한 병이다.

### 사사키의 메모

오크통에 대한 고집이 강한 맥캘란. 시대가 흘러 더블캐스크로. 스패니시 오크통에의 고집이 그 향기롭고 부드러운 테이스트를 만들어 냈습니다. 천천히 럭셔리하게 온더록스로 마시고 싶어집니다.

스카치

아이리시

아메리칸

캐나디안

재패니즈

### ●●●●●●●●●● 테이스팅 노트

**향미의 특징:** 클래식한 맥캘란 스타일로 엄선한 미국산 및 유럽산 셰리 오크통으로 숙성. 맥캘란다운 방순함과 바닐라를 연상시키는 향기. 부드러우면서 달콤함이 있어 밸런스가 맞춰진 맛이 특징.

**색:** 짙은 금색
**향:** 크리미한 버터스카치, 애플캔디, 바닐라커스터드
**맛:** 벌꿀 같은 달콤함, 약간 스파이시한 맛, 시트러스계의 과일감
**피니시:** 달고 긴 여운

●**과일향**

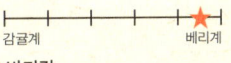

감귤계                베리계

●**바디감**

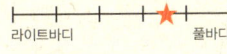

라이트바디          풀바디

●**피트 레벨**

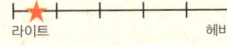

라이트                 헤비

**주요 숙성 오크통:** 셰리 오크통

●**라인업**
**맥캘란 더블캐스크 12년:** 스탠더드한 맥캘란. 스패니시 오크통에서 최저 12년간 숙성.
**맥캘란 18년 셰리 오크:** 스패니시 오크통에서 최저 18년간 숙성. 럭셔리한 맛이 일품.

싱글 몰트

전 세계에서 사랑받는 싱글 몰트

# 글렌피딕
Glenfiddich

글렌피딕 12년 스페셜 리저브
창업년: 1887년   증류소: 글렌피딕증류소
용량: 700ml   알코올 도수: 40%

## 당시의 상식을 깬 싱글 몰트의 선구자

게일어로 '사슴계곡'이라는 의미의 글렌피딕. 숫사슴이 트레이드마크가
된 이 제품은 블렌디드 위스키가 전성기였던 1963년 당시의 상식을 깨
고 세계에서 처음으로 싱글 몰트를 대히트시킨 것으로 유명하다. 지금은
세계 180개국 이상에서 판매되며 싱글 몰트 분야에서는 세계 탑클래스
의 점유를 자랑한다.

창업은 1887년. 창업자 윌리엄 글렌트가 가족의 협력하에 '사슴계곡에서
최고의 한 잔을 만든다'는 꿈을 실현했다. 지금도 가족경영을 지속하고 있
으며 현재 5대째에 이르렀다. 품질에 대한 고집도 강하고 제조 공정마다
숙련된 장인들을 배치한 것이 특징이다. 각 분야의 장인들이 창업자의 정
신과 전통을 줄기차게 이어가고 있다.

### 사사키의 메모

창업자 일가의 경영이기 때문에 변함없는 맛을 가지고 있습니다. 세계에서 가장 많이
팔리는 싱글 몰트의 의미가 무엇인지는 마셔 보면 압니다. 친구들과 대화하면서 우아
한 시간을 보낼 수 있는 위스키입니다.

**테이스팅 노트**

**향미의 특징:** 서양배를 연상시키는 달콤하고 경쾌한 맛. 또한 가볍고 마시기 좋다. 발효 등의 제조 공정을 통하여 깔끔한 향미를 만든다.

**색:** 옅은 금색
**향:** 서양배, 레몬, 과일의 숙성향
**맛:** 달콤한 과일, 크림
**피니시:** 가벼운 단맛, 섬세하고 경쾌함

● **과일향**

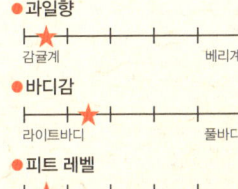

감귤계           베리계

● **바디감**

라이트바디       풀바디

● **피트 레벨**

라이트            헤비

● **라인업**
**글렌피딕 15년 솔레라 리저브:** 셰리 숙성에 사용된 솔레라 시스템을 처음으로 싱글 몰트 위스키에 적용.
**글렌피딕 18년 스몰배치 리저브:** 18년 이상 숙성시킨 스패니시 오크통 원주와 아메리칸 오크통 원주를 블렌드해서 3개월 이상 후숙성시킴. 숙성된 과일이나 시나몬을 연상시키는 향기로 깊은 맛과 오래 지속되는 여운이 특징.

# 하이랜드:
# 4개 지역의 각기 다른 특색

**증류소는 광범위하게 점재하며 특징도 맛도 다양하다**

　스코틀랜드 본토 동단에 있는 던디와 서단에 있는 그리녹이라는 마을을 연결한 라인을 기준으로 북쪽 지역이 하이랜드라고 불리는 지역입니다.

　북하이랜드는 네시로 유명한 네시호 등 관광 명소도 많은 지역으로 온화한 향미의 몰트위스키가 특징입니다. 하지만 증류소가 광범위하여 싱그러운 것, 달콤하고 부드러운 것, 스모키한 것 등 다양한 향미의 몰트위스키가 있습니다. 동하이랜드는 보리의 거대 산지로 알려져 있고 예부터 마시기 편한 맛이 특징입니다. 스코틀랜드에서 가장 높은 산이 있는 벤네비스산 주변이 서하이랜드이며 설빙수의 풍요로운 수질과 자연환경 속에서 만들어지기 때문에 깔끔한 풍미가 인기입니다. 그리고 남하이랜드는 그램피언산맥 남부에 위치하고 있고 매우 프루티한 맛이 특징입니다.

남로우랜드에 비하면 인구도 적으며 스페이사이드를 제외한 40개 정도의 증류소가 하이랜드몰트로 분류되고 있습니다. 산악 지역이 많으며 서해안은 피오르 지형(단층절벽의 해안선)이 많아서 해안선 등의 황량한 풍경은 사람을 사로잡는 장대함이 있는 지역입니다.

여러분도 한 번 정도는 영상으로 본 적이 있을 '타탄체크 무늬 킬트'나 특유의 음색을 연주하는 '백파이프'는 스코틀랜드의 전통문화인데 이곳 하이랜드에서 명맥을 이어가고 있습니다. **백파이프를 어깨에 메고 타탄체크 킬트(스커트 같은 것)를 두르고 있는 연주자를 보면 스코틀랜드의 전통을 느낍니다.** 하이랜드를 방문하면 반드시 한 번은 이런 차림의 사람과 만날 것입니다.

이 지역의 증류소는 광범위하게 점재하기 때문에 각각의 개성을 자랑하며 특징도 맛도 다양합니다. 북하이랜드의 글렌모렌지는 균형감과 프루티함이 특징이며 세계적 품평회인 인터내셔널 스피릿 챌린저의 수상 경력도 있습니다. 또한 북하이랜드에서도 최북단에 가까운 풀트니는 상당히 독특한 테이스트가 인상적입니다. 한편 동하이랜드의 아드모어는 특이하게 본토의 피트를 태워서 깔끔한 스모키 향미가 특징입니다. 서하이랜드에 가면 오번과 같은 아름다운

스카치

아이리시

아메리칸

캐나디안

재패니즈

항구도시가 있으며 이곳 역시 독특한 테이스트가 있습니다.

하이랜드에서 유명한 장소라고 하면 영국의 빅토리아 여왕 때부터 국왕이 여름 피서로 방문하는 밸모럴성이 있습니다. 엘리자베스 2세 여왕이 이곳에서 서거하여 잘 알려진 곳이죠. 그 근처에 오래된 로크나가증류소가 있었는데 당시 오너 존 벡이 빅토리아 여왕과 알버트 공작 그리고 3명의 자녀를 증류소에 초대했습니다. 공작이 이 증류소의 위스키를 좋아하게 되어 1848년에 영국 왕실 진상용인 칙허증을 수여받고 로열로크나가증류소가 되었습니다.

**앞서 말한 것처럼 하이랜드는 매우 광범위해서 한마디로는 묘사할 수가 없습니다. '방문 장소'를 정확하게 정하지 않으면 큰일납니다.** 하이랜드에 간다면 '어느 증류소에 갈지'를 확실히 정해서 방문하는 것이 좋습니다.

## 스카치위스키
## 하이랜드 증류소 지도

### 아드모어증류소

창업은 1898년. 애버딘셔의 버기강 동측 케네스몬트 근교에 목가적인 구릉지 풍경이 펼쳐진다. 피트나 청정수 공급이 용이한 토지. 철도 편도 좋으며 위스키 만들기에 최고 환경.

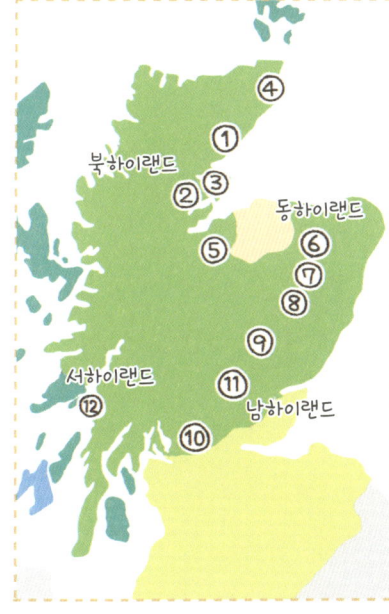

④ 북하이랜드
① ②③ 동하이랜드
⑤ ⑥
⑦
⑧
⑨
서하이랜드 ⑪
⑫ 남하이랜드
⑩

#### 북하이랜드
① 클라이넬리쉬
② 달모어
③ 글렌모렌지
④ 풀트니
⑤ 토마틴

#### 동하이랜드
⑥ 글렌드로낙
⑦ 아드모어

#### 남하이랜드
⑧ 로열로크나가
⑨ 에드라두어
⑩ 글렌고인
⑪ 글렌터렛

#### 서하이랜드
⑫ 오반

스카치

아이리시

아메리칸

캐나디안

재패니즈

125

**싱글 몰트**

순하고 부드러운 스모키 향미

# 아드모어
THE ARDMORE

아드모어 레가시
창업주: 1898년   증류소: 아드모어증류소
용량: 700ml   알코올 도수: 40%

## 블렌디드 위스키
## 티처스의 키몰트

블렌디드 위스키 '티처스 하이랜드 크림'(p.148)의 키몰트로서 공헌해 온 아드모어. 예전에는 싱글 몰트 시장에서 별로 유통되지 않아 희귀한 존재였다. 창업은 1898년. 티처스 창업자의 아들 애덤 티처가 자사 블렌디드 위스키를 위해 몰트위스키를 확보하려고 창설. 증류소는 자연이 풍부한 보리의 산지이며 위스키 만들기에는 최고의 환경이다. 라벨에는 증류소의 수호신인 독수리가 상공을 유유하게 날고 있는 모습이 그려져 있다.
맛은 드라이하며 깔끔한 스모키함이 특징. 피티드 맥아 두 종류를 사용해서 더 세련되고 라이트함을 느끼게 한다.

### 사사키의 메모

하이랜드에서는 귀한 스모키 향미가 배어 있는 위스키. 하이랜드 피트는 아일라와는 또 다른 테이스트로 그 차이를 맛보기에 가장 좋습니다. 광대한 보리밭을 상상하면서 마셔 보시기 바랍니다.

## 테이스팅 노트

**향미의 특징:** 하이랜드의 기후와 풍토가 가져다주는 요소가 응축된 것 같은 싱글 몰트. 피티드 맥아를 사용한 기분 좋은 스모키함과 넌피티드 맥아의 달콤하고 스케일 큰 풍미. 라이트하고 크리미한 바닐라맛 속에 매운맛도 숨어 있다.

**색:** 밝은 황금색
**향:** 시나몬, 토피, 벌꿀, 섬세한 피트향
**맛:** 크리미한 바닐라, 스파이시한 맛
**피니시:** 실크 같은 부드러운 뒷맛이 오래 지속된다.

● **과일향**

감귤계　　　　　　　　베리계

● **바디감**
라이트바디　　　　　　풀바디

● **피트 레벨**

라이트　　　　　　　　헤비

**주요 숙성 오크통:** 퍼스트필 버번 오크통

스카치

아이리시

아메리칸

캐나디안

재패니즈

# 로우랜드:
# 현재 30개가량의 증류소 가동

**예전부터 3회 증류가 기본인 깔끔한 맛의 위스키**

　로우랜드는 스코틀랜드 남부에 위치하고 있으며 하이랜드 지방과의 경계선을 기준으로 남측, 잉글랜드와의 경계선을 기준으로 북측입니다. **비교적 평평한 지형으로 수도 에든버러나 글래스고 등의 주요 도시가 점재하고 있으며 스코틀랜드 정치, 경제의 중심지로 주요 산업과 인구가 집중해 있습니다.** 에든버러의 남쪽 지역은 기복이 심한 언덕 지역으로 농업이 성행하는 전원풍경이 펼쳐집니다.

　로우랜드도 예전에는 많은 몰트위스키 증류소가 있었습니다. 하지만 1707년 스코틀랜드가 잉글랜드에 합병되었을 때 위스키 생산자에 대한 과세가 껑충 뛰어서 무거운 세금으로부터 벗어나기 위해 생산자들이 하이랜드나 스페이사이드로 이주해 버렸습니다. 대도시를 고집한, 잉글랜드와도 가까운, **로우랜드 지역에서는 관청의 감시가 엄하기 때문에 밀주 만들기가 어려워서 보리보다 싼 옥수수를 원료로 사용하였습니다. 그리고 대량생산이 가능한 연속식 증류**

기를 도입하는 증류소가 증가하였습니다. 이렇게 해서 로우랜드 지역은 그레인위스키 생산지로서 유명해져 갔습니다.

여기에는 흥미진진한 사실이 있습니다. 1831년 애니어스 코페이라는 아일랜드인이 대량생산을 가능하게 하는 연속식 증류기를 발명하여 특허를 취득해서 의기양양한 하이랜드나 스페이사이드의 증류소에 팔려 갔습니다. **로우랜드 지역은 예전부터 공업 지역이기 때문에 이 연속식 증류기가 큰 인기를 얻게 되었답니다. 그 결과 대유행이 되어서 저렴한 그레인위스키의 대량 제조가 로우랜드에서 가능하게 되었습니다.**

그러나 개성이 빈약하던 당시 품질도 좋지 않은 그레인위스키는 점점 인기가 떨어져서 증류소 폐쇄가 이어졌습니다. 이 무렵 만들어졌던 그레인위스키는 수출되어 진 등의 원료로 사용되었다고 합니다.

로우랜드 몰트위스키 증류소는 극히 소수가 되어 버렸지만, 매우 라이트한 느낌과 곡물 유래의 단맛 등이 현저한 향미의 위스키를 만들고 있습니다. 오랜 기간 소수의 증류소만 가동하고 있다가 최근 10년 정도 크래프트증류소 건설이 급증하여 현재는 30개 가까

스카치

아이리시

아메리칸

캐나디안

재패니즈

운 증류소가 가동되고 있습니다. 지금도 로우랜드 전통의 3회 증류를 고수하면서 가동하고 있는 소수의 증류소 중 하나가 오켄토션증류소이며 목넘김이 부드러운 위스키를 계속 만들고 있습니다.

3회 증류시켜서 만든 위스키이기 때문에 조금 매끄럽고 맛이 연한 감이 있습니다. 그렇기 때문에 오히려 어떤 식사에도 잘 어울리며 아주 마시기 편한 라이트한 맛이기 때문에 로우랜드 위스키를 사랑하는 사람이 많습니다. **하이볼을 식사에 곁들여도 전혀 방해가 되지 않으므로 어떤 요리와도 궁합이 잘 맞는 답니다.**

위스키는 뭐니 뭐니 해도 기호품이기 때문에 어디산 위스키가 제일 좋다는 것은 없습니다. 자신의 취향에 따라 고르는 것이 정답입니다. 실제로 기온이 높은 나라에서는 이 깔끔한 맛이 인기가 있어서 많이 마신다고 합니다.

# 스카치위스키
# 로우랜드 증류소 지도

## 오켄토션증류소

1820년경 아일랜드 이주민이 건설했다고도 하지만 명확한 것은 알수가 없다. 글래스고에서 북서로 16km 정도 떨어져서 클라이드강이 내려다보이는 경사면 위에 세워져 있다. '오켄토션'이란 게일어로 '들판의 모서리'라는 의미.

① 아일사베이
② 오켄토션
③ 블라드녹
④ 글렌킨치

**싱글 몰트**

캐주얼하게 즐길 수 있는 도시적인 위스키

# 오켄토션
AUCHENTOSHAN

오켄토션 12년
창업년: 1820년경   증류소: 오켄토션증류소
용량: 700ml   알코올 도수: 40%

## 로우랜드 전통제조법인 3회 증류를 지금도 고수하다

스코틀랜드 최대 도시 글래스고로부터 북서로 16km 정도 떨어져 있으며 클라이드만이 내려다보이는 경사면에 세워진 증류소 오켄토션. 대도시 근교이기 때문에 도시적 스타일의 싱글 몰트로 알려져 있다. 증류소는 1820년경 아일랜드 이주민이 건설했다고도 하지만 명확한 것은 없다. 제2차 세계대전 중 폭격으로 파괴되었다는 역경을 이기고 현재 로우랜드를 대표하는 증류소로서 존재감을 나타내고 있다.

제조법은 가벼운 피트향의 맥아를 엄선하여 예전 방식의 나무통에서 발효하는 것이다. 최대의 특징은 지금은 드물어서 귀한 로우랜드 전통인 3회 증류를 하고 있다는 것. 그로 인해 알코올의 순도가 높아 깔끔하고 도시적인 맛이 완성된다는 것이 포인트다.

### 사사키의 메모

대도시 글래스고 근교이기 때문에 '도시형 위스키'라고 합니다. 제조법은 극히 전통적. 3회 증류 특유의 깔끔한 풍미는 하이볼로 여름에 딱 맞습니다. 아무런 생각 없이 마시고 싶은 한 잔입니다.

● ● ● ● ● ● ● ● ● ●
## 테이스팅 노트

**향미의 특징:** 도시적이며 경쾌하고 깔끔한 맛과 몇 번이고 거듭 올라오는 섬세한 향기, 부드러운 느낌과 아몬드나 캐러멜 같은 달콤함, 시트러스의 달콤새콤함과 드라이한 감각의 여운을 즐길 수 있다.

- - - - - - - - - -

**색:** 금색
**향:** 크렘브륄레, 시트러스, 너트, 보리새싹
**맛:** 부드럽고 짙은 오렌지나 라임의 달콤함
**피니시:** 생강, 너트 같은 여운

- - - - - - - - - -

● **과일향**

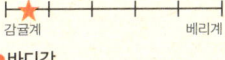

감귤계 　　　　　　　　 베리계

● **바디감**

라이트바디 　　　　　　 풀바디

● **피트 레벨**

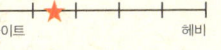

라이트 　　　　　　　　 헤비

스카치
아이리시
아메리칸
캐나디안
재패니즈

# 아일랜즈:
# 점재하는 개성적인 섬들

**섬에 따라 기후나 풍토가 달라 각기 독자의 성격을 지닌다**

스코틀랜드 주변에 있는 섬들 중 아일라섬을 제외한 섬에서 만들어진 싱글 몰트를 총칭해서 아일랜즈몰트라고 합니다. 메인 섬은 오크니제도, 스카이섬, 주라섬 등입니다. **섬에 따라 기후나 풍토가 다르기 때문에 각기 개성을 가지고 있으며 전체를 한마디로 설명하기가 어려운 게 솔직한 심정입니다. 각 증류소나 종목마다 개성과 특징은 아주 크게 다릅니다.**

아일랜즈 중에서도 절경으로 유명한 곳이 스카이섬입니다. 주위가 깎아 세운 단층절벽으로 둘러싸여 있고 강에서 직접 바다로 유입되는 폭포가 있어 그 광경은 보는 사람을 매료시키는 절경입니다. 이 스카이섬 증류소에서 만들어진 탈리스커는 피트가 잘 먹혀서 스파이시한 맛이 인기입니다. 한편 주라섬 아일오브주라 등은 균형이 잘 맞는 위스키로 하이랜드 지역에 가까운 맛입니다. 아일라섬에서 보면 주라섬은 낮은 단층절벽 위에 줄줄이 언덕 능선이 연결된 신기한 광경이 보입니다.

오크니제도 중심에 있는 메인랜드섬에는 스캐퍼와 하이랜드파크라고 하는 2개의 증류소가 있습니다. 스캐퍼해협은 제2차 세계대전 중 독일의 U보트가 일제히 침몰했던 역사가 있는 곳이지만 지금은 다이빙 장소로도 유명합니다. **포트스틸도 독특한 모양을 하고 있지만 좀처럼 찾아가기 어려운 장소입니다.**

하이랜드파크증류소에서는 위스키를 만들기에 그다지 적당하지 않다는 경수를 술담금 작업에 사용하고 있습니다. 일년 내내 한랭한 기후에서 숙성시키기 위해 독자적인 맛을 만들어 내고 있으며, 라이트한 피트향을 가진 위스키를 좋아하는 사람에게는 인기가 있습니다.

또한 테루아(신토불이)를 고수하는 지방색으로 오크니제도에서는 베어종 보리라는 고대 품종을 사용한 딱딱한 코페빵 같은 것을 먹고 있습니다. 이것을 '베어배넉'이라고 합니다. 이 품종은 예전에 위스키를 만들 때 알코올 수율이 낮은 품종이었지만 지금은 일부러 이 배어종 보리로 위스키를 만들고 있는 곳도 있습니다. 실은 이 음식, 뭐라 형언할 수 없는 맛을 냅니다. 저도 방문했을 때 작은 상점

스카치

아이리시

아메리칸

캐나디안

재패니즈

에서 발견해서 먹어 봤습니다(어떻게든 먹어 보고 싶어서 여러 가게를 찾아다니다 발견했습니다). 제가 발견한 가게를 동행한 멤버에게 귀띔한 결과, 일행 전원이 흥미를 가지고 그 가게에 가서 전부다 사버렸습니다. 그러자 상점 주인이 "일본 사람은 왜 이런 걸 그렇게 좋아하죠?"라며 놀라더라는 우스개이야기가 있습니다.

많은 섬들로 구성된 아일랜즈에서는 아우터헤브리디스제도와 이너헤브리디스제도로 구분하는 경우도 있는데 아우터헤브리디스에 많은 증류소가 집중해 있습니다. 더욱이 배라섬이나 해리스섬 같은, 관광으로도 가기 힘든 섬에도 증류소가 세워져 있습니다. **다양한 이유로 이런 장소에 증류소를 세웠을 것인데 역시 독창성을 어필한다는 의미도 있는 것 같습니다.** 그렇다고는 하더라도 원래 스코틀랜드는 수백 개 섬이 이어진 나라이므로 현지 사람들에게는 '지극히 보통의 일'인지도 모릅니다.

## 스카치위스키
## 아일랜즈 증류소 지도

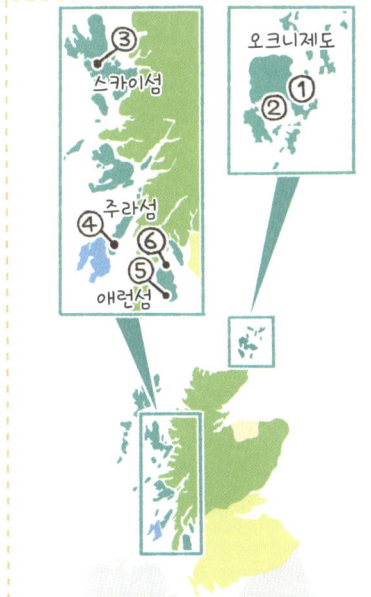

### 스캐퍼증류소

창업은 1885년. 북해에 떠 있는 오크니제도 중 제일 큰 섬이 메인랜드이며 그 섬의 스캐퍼만을 내려다보는 높은 곳에 세워진 증류소. '스캐퍼'란 노스어(고대 노르웨이어)로 '보트'를 의미한다.

**오크니제도**
① 하이랜드파크
② 스캐퍼

**스카이섬**
③ 탈리스커

**주라섬**
④ 아일오브주라

**애런섬**
⑤ 라그
⑥ 로크란자

로몬드스틸를 사용한 순한 맛

# 스캐퍼
SCAPA

스캐퍼 스키런
창업년: 1885년   증류소: 스캐퍼증류소
용량: 700ml   알코올 도수: 40%

## 숙련된 장인에 의한 핸드메이드 위스키

스코틀랜드 북동부 오크니제도에 있는 메인랜드섬에 1885년 세워진 증류소. 스캐퍼만을 내려다보는 바다향이 가득한 증류소는 규모가 매우 작으며 몇 명의 기술자들이 지금도 핸드메이드로 원주를 만들고 있다.

고대 노르웨이어로 스캐퍼는 '보트', 스키런은 '별이 반짝이는 하늘'이라는 뜻. 아일랜즈몰트 중 특이하게 피트를 입히지 않은 맥아를 사용하지만 양조용수에는 피트가 함유되어 있는 것이 특징이다. 증류는 로몬드스틸이라는 독특한 원통의 초유솥에서 5시간 걸려서 천천히 행해진다. 또한 숙성에는 퍼스트필 아메리칸 오크통을 사용함으로써 바닐라 같은 부드러운 감미가 있다.

### 사사키의 메모

북쪽 섬 오크니제도, 넌피트, 해변의 증류소, 로몬드스틸이라고 하는 조합은 스코틀랜드에서는 상당히 특이합니다. 세계유산도 많은 이 지역. 바이킹 등 지역 역사를 느끼면서 마시고 싶은 한 잔이기도 합니다.

## 테이스팅 노트

**향미의 특징:** 퍼스트필 아메리 칸 오크통에서 숙성시킨 원주를 메인으로 사용한다. 신선한 서양 배나 꽃을 연상시키는 프루티하 고 화사한 향기와 바닐라 같은 달콤한 향을 함께 가지고 있다. 특히 단맛이 특징이며 경쾌한 단 맛이 긴 여운으로 지속된다.

**색:** 밝은 황금색
**향:** 서양배, 파인애플, 열대과일, 달콤한 꽃향기
**맛:** 허니듀 메론 같은 산뜻함, 바 닐라 같은 달콤함
**피니시:** 경쾌한 달콤함이 오래 지속됨

● **과일향**
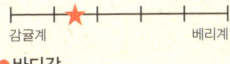
감귤계　　　　　　　　　　베리계

● **바디감**

라이트바디　　　　　　　　풀바디

● **피트 레벨**
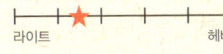
라이트　　　　　　　　　　헤비

**주요 숙성 오크통:** 퍼스트필 아 메리칸 오크통

# 캠벨타운:
# 가장 작은 산지

**은은한 짠맛이 느껴지는 항구마을의 위스키**

스코틀랜드 서해안 킨타이어반도 선단 근처에 있는 작은 항구마을이 캠벨타운입니다. 글래스고에서는 차로 이동해야 하는데 상당히 멉니다. 아일라섬으로 간다면 케나크레이그항에서 페리를 타기 때문에 조금 편해지는 느낌이지만(그렇다고 해도 1박은 필수), 캠벨타운만 가고자 한다면 상당히 힘든 여정이 됩니다.

예전에는 보리의 대규모 산지였으며 위스키 제조에는 불가결한 석탄 광맥이 있었던 만큼 예전부터 위스키 제조가 성행한 곳이었습니다. 19세기 말에는 위스키의 수도라고 불렸을 정도로 위스키 제조가 성황이었던 지역으로, 이 작은 항구마을에 십여 개가 넘는 증류소가 있어서 북적대던 시대도 있었습니다.

**캠벨타운몰트는 '브리니'라고 표현되는데 맥아 풍미 속에 느껴지는 은은한 짠맛이 특징으로 항구마을 다운 맛이라고 할 수 있습니**

**다.** 그리고 다양한 타입을 만들어 온 캠벨타운몰트는 타의 추종을 불허하는 독특한 테이스트가 있습니다.

그중에서도 유명한 것은 스프링뱅크증류소. 이곳은 2회 증류, 2.5회 증류, 3회 증류로 제조법을 구분하고 있어서 위스키를 마시기 시작한 분들에게는 난해한 제조법으로 느껴질 겁니다. 그러나 괜찮습니다. 모든 위스키를 마셔 본 후 좋아하는 것을 찾는 것이 위스키의 즐거움이니까요! 그리고 이 증류소의 제조법은 정말 전통적입니다. 저도 현지에서 공정 안내를 듣고 '아아, 본래 위스키는 이렇게 만들어지고 있었구나'라고 깨닫게 된 순간이었습니다.

본론에서 벗어났지만 '왜 캠벨타운몰트는 쇠퇴했을까?'에 대해 설명하겠습니다. 스페이사이드몰트는 밸런스가 맞춰져 있어서 '블렌디드의 원주'로서도 우수한 데 비해서 캠벨타운몰트는 그 강한 개성 때문에 블렌드에는 사용하기 힘들었을지도 모릅니다. 또한 연료로 쓰는 석탄이 고갈된 점. 또한 큰 타격이었던 것은 미국 금주법의 영향으로 밀주 사업이 횡행하고 품질이 떨어져서 소비자의 신뢰를 잃은 점이라고 합니다.

더욱이 시대의 변화에 따라 운송수단이 해상에서 육상, 공로로

스카치

아이리시

아메리칸

캐나디안

재패니즈

옮겨가면서 항구마을의 운송 이점이 없어지고 말았습니다. 현재 가동 중인 증류소는 세 군데뿐입니다. 그렇지만 여기도 다른 지역처럼 현재 건설 예정인 증류소가 있으며 앞으로 주목을 요하는 상태입니다.

이들 증류소에서는 오래된 전통 제조법을 바꾸지 않고 전통의 맛을 지킴으로써 캠벨타운다운 맛을 평가받아 다시 한번 세계 위스키 팬의 주목을 받게 되었습니다. 반도의 파도를 떠오르게 하는 풍미나 중후한 맛이 인기가 되었답니다. 캠벨타운에도 발을 옮겨 보면 스카치위스키의 역사를 엿볼 수 있으리라 생각됩니다.

# 스카치위스키
# 캠벨타운 증류소 지도

스카치

아이리시

아메리칸

캐나디안

재패니즈

## 스프링뱅크증류소

창업은 1828년. 스코틀랜드의 남서쪽 킨타이어반도에 있는 마을이 캠벨타운. '브리니'라고 불리며 항구마을 특유의 짠맛이 특징이지만, 스프링뱅크는 '몰트의 향수'라고 칭할 정도로 강한 감귤계 향이 유명하다.

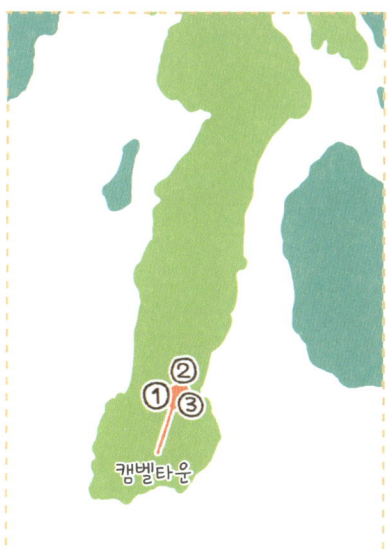

캠벨타운

① 킬커런
② 글렌스코시아
③ 스프링뱅크

# 스카치의 블렌디드 위스키

**십여 종의 원주를 조합한 블렌더의 역량 발휘**

지금에야 싱글 몰트가 세계적으로 인기를 얻고 있지만 세계에서 가장 많이 소비되고 있는 위스키 카테고리는 압도적으로 블렌디드 위스키입니다. 일본에도 '가쿠빈'이나 '토리스'가 있습니다. **블렌더가 막대한 오크통의 상태를 파악하고, 후각과 미각에 의지해서 최고의 향과 맛을 만들어 내는 것이 블렌디드 위스키입니다.** 싱글 몰트처럼 개성이나 환경이라기보다는 브랜드 이미지에 맞게 항상 변하지 않는 맛을 제공하는 것이 중요합니다. **'싱글 몰트 위스키는 토지가 만들고 블렌디드 위스키는 사람이 만든다'고 해도 과언이 아닙니다.**

그래서일까요. 드램숍(현재의 샷바)을 시작한 사람의 이름이 제품명에는 많이 나옵니다. 발렌타인은 창업자인 조지 발렌타인, 티처스도 윌리엄 티처라고 하는 창업자 이름에서 유래했다고 합니다. 증류소를 창업한 사람이 만드는 싱글 몰트와 달리, 어떻게 말하면 비지니스 차원에서 위스키를 상품으로서 개발해 온 사람이 블렌디드 위스키를 키워 갔다고 봅니다. 그래서 증류소가 어디인지보다 블렌더가 누구인지가 더 주목을 받는 경우가 많습니다.

몰트위스키 원주만으로는 그 자체의 개성이 앞서 버리지만, 그레인위스키 원주 여러 종류를 섞으면 강한 성질이 없어지고 마시기 편한 맛으로 변합니다. 또한 양도 어느 정도 만들기 때문에 일반적으로 호감을 사는 맛에 근접할 수 있습니다. **그 결과, 좋은 밸런스와 은은한 입맛으로 만인이 좋아하는 위스키가 되는 것입니다. 블렌더의 역량을 가늠할 수 있는 것이 블렌디드 위스키입니다.**

쉽게 마실 수 있어서 블렌디드는 폭넓은 연령층과 다양한 음용 방식에 대처합니다. 제 경우도 싱글 몰트를 마실 때는 아무래도 테이스팅 모드가 되어 버리지만, 피곤해서 아무것도 생각하고 싶지 않을 때는 블렌디드 위스키를 고르고 맙니다. 이처럼 위스키는 마시는 상황에 따라 구분하기도 합니다.

스카치

아이리시

아메리칸

캐나디안

재패니즈

전 세계 위스키 팬이 인정하는 스카치의 왕도

# 발렌타인

Ballantine's

발렌타인 17년

창업자: 1827년  증류소명: 글렌버기증류소, 글렌토커스증류소, 밀튼더프증류소
용량: 700ml  알코올 도수: 40%

## '더 스카치'라 일컬어지며 흔들림 없는 지위를 자랑하는 일품

1827년 스코틀랜드의 수도 에든버러에서 조지 발렌타인이 창업한 발렌타인. 라벨에는 유서 있는 문장이 새겨져 있으며 200년 가까이 전통을 지켜 온 스카치위스키의 명문이다.

그중에서도 1937년에 발매된 발렌타인 17년은 이 회사의 높은 블렌딩 기술을 엿볼 수 있는 일품 위스키이다. 글렌버기, 글렌토커스, 밀튼더프라는 주요 키몰트를 시작으로 스코틀랜드 각지에서 엄선된 원주를 십여 종 블렌드해서 만드는 것이 특징이다. 각각 주령 17년 이상인 장기 숙성 원주들의 개성이 조화롭게 나타남으로써 깊이가 있고 기품이 높은 향과 섬세하고 복잡한 맛으로 전 세계의 많은 위스키 팬을 매료하고 있다.

### 사사키의 메모

말 그대로 블렌디드 위스키의 명품. 복잡하고 방순함. 섬세한 테이스트는 발렌타인다움. 예전에는 동경만 하던 위스키입니다. 한 잔의 글라스 안에서 스코틀랜드 증류소를 찾아 상상하는 것도 즐거움의 하나입니다.

스
카
치

아
이
리
시

아
메
리
칸

캐
나
디
안

재
패
니
즈

### ●●●●●●●●●●●
### 테이스팅 노트

**향미의 특징:** 장기 숙성 원주가 엮어 내는 깊이 있는 향. 복잡해서 강력하며 화사한 맛이 특징. 크리미하고 벌꿀 같은 단맛 속에 오크통과 피트향의 스모키함도 느껴진다.

**색:** 호박색
**향:** 바닐라향, 오크통향, 밸런스가 맞춰진 깊고 기품 있는 향
**맛:** 입안에 퍼지는 과실, 경쾌함, 프루티하고 스위트함, 부드럽고 섬세함, 베리계의 맛, 너트
**피니시:** 긴 여운. 은은한 스모키와 바닐라향, 바다향

● **과일향**
감귤계 —————★————— 베리계

● **바디감**
라이트바디 —————★— 풀바디

● **피트 레벨**
라이트 —★——————— 헤비

● **라인업**
**발렌타인 파이니스트:** 십여 종 이상의 몰트위스키 원주를 정교하게 블렌딩. 밸런스가 좋은 향미와 끝까지 풍요롭고 부드러운 풍미가 특징.

하이볼로 즐기고 싶은 스모키한 맛

# 티처스
### TEACHER'S

티처스 하이랜드 크림
창업년: 1834년  증류소명: 아드모어증류소
용량: 700ml  알코올 도수: 40%

## 창업자의 손으로 만들어서 160년 이상 지속되어 온 명품

창업자 윌리엄 티처가 1834년 글래스고에서 자신의 이름을 따 명명한 드램숍을 오픈시킨 것이 탄생의 계기.

브랜드의 대명사이기도 한 하이랜드 크림은 1860년에 윌리엄의 손에 의해서 만들어졌다. 명블렌더였던 그가 완벽하다고 납득할 때까지 시행착오를 반복하면서 탄생시켰다. 엄격, 성실, 정의감이 풍부한 그의 인격이 그대로 맛에 나타나 있으며 '선생님의 스카치'로서 영국 전체에서 사랑받게 되었다.

제조법은 윌리엄의 아들 애덤이 창설한 아드모어증류소의 몰트위스키 원주를 키로 블렌딩. 피트로 확실하게 훈연한 몰트의 비율을 높여서 깔끔한 스모키함과 강력한 깊이감이 특징이다.

### 사사키의 메모

이 위스키는 이름에서 '정직함'이 느껴집니다. 아드모어의 라이트한 스모키향. 하이볼을 만들어서 깔끔한 스모키향을 느끼면서 마시고 싶은 한 잔입니다.

## 테이스팅 노트

**향미의 특징:** 스모키함과 부드러운 맛의 밸런스가 맞춰진 것이 특징. 몰트위스키 원주의 함유율을 높여 은은하고 매끄러운 향, 강력한 깊이를 지니면서도 피니시에는 경쾌한 여운이 남는다.

**색:** 황금색
**향:** 스모키, 잘 익은 사과, 서양배
**맛:** 달콤한 곡물 같은 깊이와 실크 같은 부드러움
**피니시:** 풍부한 풍미의 깔끔한 여운

● **과일향**

감귤계　　　　　　베리계

● **바디감**
라이트바디　　　　풀바디

● **피트 레벨**
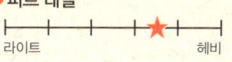
라이트　　　　　　헤비

스카치

아이리시

아메리칸

캐나디안

재패니즈

149

# 아이리시 위스키

**다시 한번 세계의 위스키 팬들에게 주목을 받다**

아일랜드는 남북 약 500km, 동서 약 300km의 섬으로 지금도 영국령인 북아일랜드와 1949년에 건국된 아일랜드공화국 두 개로 나뉘어 있습니다. 섬에는 빙하의 영향이 짙게 남아 있으며 구릉과 늪지, 호수가 점재하고 있습니다. 또한 멕시코난류와 편서풍의 영향으로 기후는 비교적 안정적이며, 여름에도 기온은 15~16℃ 정도밖에 올라가지 않아서 위스키 만들기에 적합한 섬입니다.

위스키 발상지의 하나로 불리는 아일랜드에는 다른 곳에는 없는 법 정의가 있습니다. 아일랜드에서 만들어진 위스키는 아일랜드공화국이나 북아일랜드 어디서 만들어도 전부 아이리시 위스키입니다.

〈아이리시 위스키의 정의(발췌)〉

① 분쇄한 발아곡물(곡물을 더하기도 한다)을 원료로 한다.

② 보리맥아에 함유된 효소 또는 천연 유래의 효소에 의한 당화

③ 알코올 도수 94.8% 이하에서 증류시킨 것

④ 용량 700ℓ 이상의 오크통에서 숙성시킨 것

⑤ 아일랜드, 북아일랜드 창고에서 3년 이상 숙성시킨 것

부드러워 온화한 맛이 특징인 아이리시 위스키의 전통적인 제조법은 보리맥아와 미발아보리, 그 외 곡물을 원료로 해서 포트스틸에서 3회 증류합니다. 이것을 '포트스틸 위스키'라고 부릅니다. 지금은 일반화된 오크통을 수직으로 쌓아 두는 방법으로 숙성시키는 경우가 많은 것 같습니다. 최근의 메인은 2회 증류로 이들을 잘 섞어서 조절한 아이리시 블렌디드가 주류. **하나의 제품으로 블렌디드, 싱글 몰트, 포트스틸이라는 다양한 라인업이 있는 것도 아이리시 위스키의 특징이랍니다.**

예전에는 스코틀랜드와 나란히 생산량 세계 1위를 자랑하고 있었지만, 1920년대 이후 아이리시 위스키는 급속하게 쇠퇴하였습니다. 우선 마시기 편한 스코틀랜드의 블렌디드 위스키에 밀리기 시작했습니다. 더욱이 주요 수출국이었던 미국의 금주법 시행, 영국

과의 독립전쟁 영향 등으로 업계는 급속히 쇠퇴해 갔습니다. 그 옛날 수백 개였던 증류소는 통폐합이 이어져 1887년 28개 증류소가 되었고, 1980년대에는 부시밀즈, 미들턴의 2개로 격감해 버렸습니다.

그러던 중 아이리시 위스키의 추락을 어떻게든 막기 위해서 1987년 존 틸링이 국영 알코올 공장을 매수하여 쿨리증류소를 개설하였습니다. 그는 2007년에 킬베간증류소를 재가동시키는 등 대자본이 아닌 독립자본으로서 건투를 계속했지만, 2011년 증류소를 빔사에 매각했습니다. 그는 그 자본으로 틸링증류소를 일으켜서 아들들에게 맡겨 대성공을 이끌어 냈습니다. **이를 계기로 각지에 새로운 증류소들이 계속 탄생하여 현재 가동 준비 중인 것을 포함하면 그 수가 50개를 넘습니다. 아이리시가 다시 세계에서 주목받게 되어서 저도 기쁘답니다.**

제가 가장 주목하는 것은 1751년 만들어진 킬베간증류소입니다. '킬베간을 보지 않고 아이리시를 말하지 말라'고 할 정도로 전통적인 아이리시 위스키를 고수하고 있어서 예부터의 전통 제조법이며 아이리시의 원점이라고도 말할 수 있답니다.

# 아이리시 위스키
## 증류소 지도

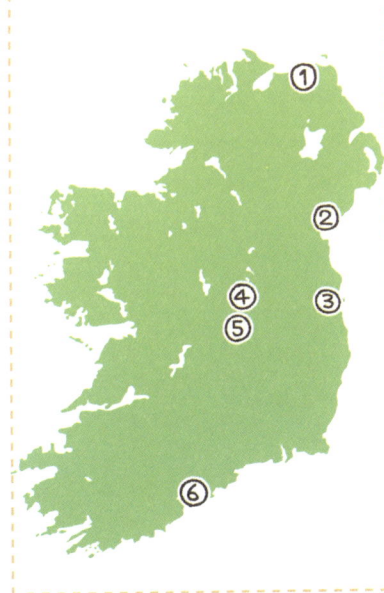

## 쿨리증류소

포트스틸을 설치하고 1989년부터
위스키를 제조하기 시작하여
아직은 신설 증류소. 본래 알코올
공장이었기 때문에 연속식 증류기가
그대로 남아 있으며 그레인위스키
제조도 실행하고 있다.

① 부시밀즈
② 쿨리
③ 틸링
④ 킬베간
⑤ 털러모어
⑥ 미들턴

**싱글 몰트**

아이리시의 선구적 피티드몰트

# 코네마라
Connemara

코네마라
창업년: 1987년   증류소명: 쿨리증류소
용량: 700ml   알코올 도수: 40%

## 스카치류 제조법을 채용한 아일랜드의 혁명아

코네마라는 아일랜드 서부 골웨이주에 있는 국립공원의 이름을 딴 것. 아일랜드의 들판 풍경이 완연히 펼쳐진 아름다운 땅은 예전에는 피트 채굴지였기도 해서 그 자취를 돌이켜 본다는 의미를 담아서 명명하였다.

수도 더블린에서 약 110km 북쪽에 있는 쿨리증류소에서 제조. 1987년 설립되어 역사는 짧지만, 다양한 노력으로 '아이리시 혁명아'라고 불리고 있다. 피트 레벨 14ppm의 맥아를 사용하며 증류 회수는 아이리시 전통의 3회가 아니라 근래 주류가 된 2회 증류이다. 더욱이 4년, 6년, 8년 숙성시킨 각각의 몰트위스키 원주를 블렌드하고 있다. 각기 다른 세 가지가 자아내는 스모키한 향미는 아이리시 위스키에는 없는 독특한 향미로 그 포로가 되는 사람이 많다.

### 사사키의 메모

아이리시에서 2회 증류라고 하는 피티드의 선구적인 위스키로 아일라몰트와는 다른 테이스트. 아이리시의 오랜 전통의 틀에 얽매이지 않고 새로 도전한 테이스트는 반드시 맛볼 것을 추천합니다.

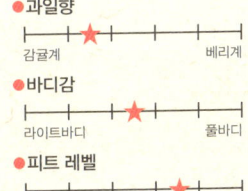

### 테이스팅 노트

**향미의 특징:** 피티함과 함께 프루티한 향이 독특하다. 벌꿀 같은 달콤함이 있으나 그것이 바닐라나 초콜릿 풍미로 변해 가는 맛. 복잡함 속에 부드러운 느낌과 전체적으로는 자연의 풀과 흙의 프레시한 인상이 남는다.

**색:** 은은한 녹색이 비치는 금색
**향:** 스모키, 신선한 과일
**맛:** 벌꿀, 바닐라, 초콜릿
**피니시:** 드라이하지만 깔끔한 스파이시함

● **과일향**

감귤계 ——★——|——|——|—— 베리계

● **바디감**

라이트바디 ——|——|——★——|—— 풀바디

● **피트 레벨**

라이트 ——|——|——|——★—— 헤비

**주요 숙성 오크통:** 버번 오크통

스카치
아이리시
아메리칸
캐나디안
재패니즈

**블렌디드**

라이트하고 마시기 좋은 아이리시의 대표격

# 털러모어듀
**TULLAMORE D.E.W**

털러모어듀
창업년: 1829년　증류소명: 털러모어증류소
용량: 700ml　알코올 도수: 40%

## 새로운 증류소에서 만들어진 신생 털러모어듀

아일랜드 중부 마을 털러모어에서 1829년 지역 유지 마이클 모로이에 의해 털러모어라는 이름으로 판매된 것이 유래. 그 후 경영자가 다니엘 E. 윌리엄스로 바뀌자 그의 이름 앞글자인 DEW를 붙여서 '털러모어의 이슬'이라는 브랜드명이 되었다. 1954년 털러모어증류소 폐쇄 후에는 아이리시 위스키의 가장 큰 기업 미들턴증류소에서 생산되었는데, 현재는 2014년에 재건된 새 털러모어증류소에서 제조되고 있다.

제조법은 몰트, 그레인, 포트스틸 3종의 원주를 전부 아이리시 전통의 3회 증류로 만든다. 넌피트 맥아를 사용하고 있기 때문에 라이트하고 마시기 편한 맛이다. 보리의 온화한 풍미도 살아 있으며 섬세하고 부드러우며 깔끔한 몰티니스(몰트에 의해 생겨난 향과 맛)가 있다.

### 사사키의 메모

3회 증류 원주를 사용한 넌피트. 아이리시 전통의 제조법으로 만들어지기 때문에 테이스트는 부드럽습니다. 곡물 유래의 단맛 등을 즐기고 싶을 때는 바로 이것. 정말 밸런스가 잘 맞춰진 위스키입니다.

## 테이스팅 노트

**향미의 특징:** 넌피티드로 스모키향은 없으며 섬세하고 부드럽다. 보리맥아를 사용해서 곡물 유래의 편안하고 온화한 풍미와 깊이가 느껴지는 것이 특징.

**색:** 옅은 호박색
**향:** 불에 탄 나무향, 레몬, 바닐라
**맛:** 약간의 단맛과 스파이시한 맛, 시트러스
**피니시:** 섬세하고 부드러운 여운이 오래 지속됨

●**과일향**
감귤계 ────★──┼──┼──┼──── 베리계

●**바디감**
라이트바디 ──┼──★──┼──┼──── 풀바디

●**피트 레벨**
라이트 ──★──┼──┼──┼──── 헤비

**주요 숙성 오크통:** 버번 오크통, 셰리 오크통, 리필 오크통

157

# 아메리칸 위스키

**이민자들의 도전이 버번위스키를 탄생시켰다**

미국을 생산지로 하는 위스키의 총칭을 아메리칸 위스키라고 하며 그 원료의 비율이나 증류, 숙성 방법 등은 연방알코올법으로 타입마다 규정하고 있습니다. 가장 유명한 버번위스키는 원료로 옥수수 51% 이상을 사용한 것이며 달고 매끄러운 맛이 특징입니다. 주된 산지는 켄터키주이며 버번위스키의 대부분이 켄터키주에서 만들어지고 있습니다.

〈아메리칸 위스키의 정의〉

옥수수나 호밀, 밀, 보리맥아 등의 곡물을 원료로 하여 증류 시 알코올 성분이 190프루프(95%) 미만이 되도록 하며 오크통에서 숙성(콘위스키는 필요 없음)하고 80프루프(40%) 이상에서 병입한 것.

특히 버번위스키는 안쪽을 그을린 새 아메리칸 화이트 오크통에 저장하도록 정해져 있습니다. 그렇게 불로 그을린 것을 '차드 (charred)'라고 하며 특유의 강력한 맛을 만들어 냅니다.

제조법은 버번위스키와 비슷하지만 테네시주에서 만들어지고 있는 테네시 위스키도 유명합니다. 버번위스키처럼 옥수수를 51% 이상 사용하고 있지만, 사탕단풍나무 숯으로 여과하는 '차콜멜로잉 제조법'을 사용하기 때문에 입에 닿는 느낌이 부드럽습니다. 잭다니엘이 테네시 위스키 중에서는 유명합니다.

**아메리칸 위스키의 역사는 18세기 초 스카치·아이리시의 아메리카 이주로부터 시작됩니다.** 그들은 스코틀랜드계 이주민이며 아일랜드가 식민지가 된 후 기근을 피해 미국의 동부 13개 주로 건너간 사람들입니다. 그들은 미국 동부에는 호밀이 많이 자라기 때문에 이것을 원료로 하여 증류주를 만들기 시작했습니다.

그런데 1783년 미국의 독립전쟁 종결 후 조지 워싱턴 대통령이 재정 재건을 위해서 위스키에 무거운 세금을 부과했습니다. 그들은 이에 반발하여 '위스키 전쟁'이라고 불리는 폭동을 일으켰습니다. 폭동은 진압되었으나 과세로부터 벗어나기 위해 위스키 제조자들은 다시 애팔래치아산맥을 넘어서 서쪽으로 이동하여 켄터키주에

생삭아었습니다. 그곳은 옥수수와 오크 목재가 풍부할 뿐만 아니라 라임스톤워터라는 물이 있었기 때문에 버번위스키 제조가 성행할 수 있었다고 합니다.

버번위스키라는 이름의 유래에는 여러 설이 있지만 가장 유력한 설은 독립전쟁 때 응원해 준 프랑스에 경의를 표하기 위해 '부르봉(Bourbon) 왕조'의 이름을 따서 지명을 지었다는 설입니다. 사견입니다만, 켄터키주는 북미 대륙의 내륙에 위치하기 때문에 위스키를 출하할 때는 하천으로 이동할 수밖에 없었습니다. 그때 부르봉이라고 적힌 오크통이 가득 실린 것을 본 사람들이 버번이라고 부르기 시작한 것은 아닐까라고 생각합니다.

그리고 버번위스키의 맛과 풍미는 원료 비율(매시빌)에 따라 다른데 밀이 많이 들어가면 맛이 부드러워지고 달콤한 느낌이 납니다. 대표적인 것이 메이커스마크. 호밀 비율이 높으면 매콤한 향미로 변합니다. 꼭 맛을 비교해 보고 그 특징을 느껴 보시기 바랍니다.

## 아메리칸 위스키
## 켄터키주 & 테네시주 증류소 지도

## 짐빔증류소

1795년 설립. 빔족이 7세대에 걸쳐서 제조를 이어오고 있다. 비법 레시피와 제조법으로 법률이 요구하는 기간보다 2배 더 숙성시킨 버번은 세계 120개국 이상에서 팔리고 있다.

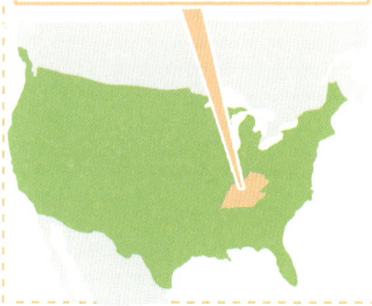

### 켄터키주

**루이빌 지구**
① 헤븐힐(베른하임)
② 브라운포맨

**프랭크포트 지구**
③ 버팔로트레이스
④ 우드포드리저브

**로렌스버그 지구**
⑤ 와일드터키
⑥ 포로지스

**클레어몬트 지구**
⑦ 짐빔

**로레토 지구**
⑧ 메이커스마크

### 테네시주
⑨ 잭다니엘  ⑩ 조지딕켈

수제작을 고수하는 크래프트 위스키

# 메이커스마크
Maker`s Mark

메이커스마크
창업년: 1953년   증류소명: 메이커스마크증류소
용량: 700ml   알코올 도수: 45%

## 창업 당시의 신념을 지키는 위스키 제조

켄터키주 로레토에 있으며 국가에서 역사건조물로 지정할 정도로 아름다운 빅토리아 양식의 건물이다. 버번 중에서는 상당히 소규모이며 창업 이래 '좋은 위스키는 기계가 아닌 사람의 손으로 정성 들여 만드는 것'이라는 원칙하에 동일 조건에서 한번에 겨우 19오크통이라고 하는 소량 생산을 지금도 고수하고 있다.

제조법은 독자적 스타일이며 호밀이 아니라 겨울밀을 사용하여 풍요로운 부드러움을 실현하였다. 천연 용천수를 사용한 양조용수나 오크통 내부 그을음의 강약 등 모든 것에 정성을 들여 만들고 있다. 또 메이커스마크라고 하면 흘러내리는 디자인의 붉은 초봉인. 이것도 병 하나하나 수작업으로 완성시키기 때문에 전 세계에 같은 것이 하나도 없다고 하는 점에서 위스키 제조 장인의 자부심을 느낄 수 있다.

### 사사키의 메모

병뚜껑의 초봉인부터 라벨 제작까지 수작업으로 생산하는 위스키. 매우 아름다운 증류소여서 꼭 한 번 가볼 가치가 있습니다. 은은하게 풍기는 오렌지 향이 전체적으로 조화를 이룹니다. 온더록스로도 하이볼로도 멋진 한 잔입니다.

● ● ● ● ● ● ● ● ● ● ●
## 테이스팅 노트

**향미의 특징**: 옥수수 70%, 밀 16%, 보리맥아 14%의 배합비로 만든다. 다른 버번과 달리 호밀 대신 겨울밀을 사용하여 풍만하고 실크처럼 매끄러운 맛과 부드러운 단맛, 고소함이 특징.

**색**: 짙은 호박색
**향**: 오렌지, 벌꿀, 바닐라
**맛**: 매끈하며 바닐라를 중심으로 복잡함과 섬세함. 풍요로운 밀 유래의 단맛
**피니시**: 부드럽고 매끄러운 인상이 지속됨.

●**과일향**

감귤계　　　　　　베리계

●**바디감**
라이트바디　　　　풀바디

**주요 숙성 오크통**: 미국산 버진 (새) 화이트 오크통

●**라인업**
**메이커스마크46**: 창업자의 아들이 이상적인 맛을 추구하여 만든 46번째 레시피. 특별한 제조 공정으로 만든 한 단계 위의 보다 달고 보다 깊은 맛. 깊은 목향, 달콤한 캐러멜 아로마와 복잡하고 리치한 향미, 자연스러운 여운이 오래 계속됨.

스카치

아이리시

**아메리칸**

캐나디안

재패니즈

버번

세계 120개국 이상에서 마시는 버번

# 짐빔
JIM BEAM

짐빔
창업년: 1795년   증류소명: 짐빔증류소
용량: 700ml   알코올 도수: 40%

## 극비 레시피로 만들어진 세련되고 엘레강스한 맛

1795년 이후 7세대에 걸쳐 빔 일가에 의해 만들어져 온 버번위스키. 짐빔은 4대 제임스의 애칭인 짐을 따서 1942년에 발매한 제품이다. 1973년 이후 버번 중 세계 판매량 1위 자리를 50년간 흔들림 없이 고수해 오고 있다.

빔 일가에 대대로 전해 오는 문외불출의 극비 레시피와 제조법으로 만들어진 짐빔. 알이 큰 고품질 옥수수인 덴트콘을 주원료로 하며 석탄석으로 여과한 라임스톤워터를 양조용수로 사용한다. 그리고 빔 일가에 전해지는 가보라고도 할 수 있는 효모를 사용하여 4년 이상 숙성시켜 완성한다. 그 엘레강스하고 스무스한 맛이 전 세계를 지속적으로 매료시키고 있다는 것도 납득이 간다.

### 사사키의 메모

동료들과 모여서 쓸데없는 불평은 말자! 오늘은 다 같이 즐겁게 마시자!
이런 상황에 딱 맞는 한 잔입니다. 룰 같은 것 없이 자유롭게 위스키를 마음껏 마시고 싶을 때 어울립니다.

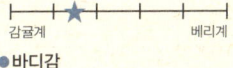

### 테이스팅 노트

**향미의 특징:** 최고급 콘을 주원료로 한 원주를, 안쪽을 태운 새 오크통에서 4년 이상 숙성. 콘의 고소함과 바닐라 같은 달콤한 향기가 확 퍼지는 스위트한 감각. 마시기 좋고 깔끔한 뒷맛이 특징.

**색:** 오렌지색이 도는 호박색
**향:** 바닐라, 캐러멜, 콘의 고소함
**맛:** 달고 경쾌한 캐러멜이나 바닐라, 은은한 오크통의 뉘앙스
**피니시:** 클린하고 은은함, 깔끔한 뒷맛

●**과일향**

├──────★──┼───┼───┤
감귤계　　　　　　　베리계

●**바디감**

├──────★──┼───┼───┤
라이트바디　　　　　풀바디

**주요 숙성 오크통:** 미국산 버진 화이트 오크통

●**라인업**
**짐빔블랙:** 6년 이상 장기 숙성을 거친 프리미엄 버번. 깊은 숙성감이 가져다 주는 풍부한 아로마와 방순한 맛이 독특하다.
**짐빔라이:** 호밀 유래의 스파이시하고 드라이한 향미와 프루티한 향긋함을 즐길 수 있다.

**버번**

알코올 노수 50%의 버번 본래의 맛

# 노브크릭

KNOB CREEK

노브크릭
창업년: 1975년   증류소명: 짐빔증류소
용량: 750ml   알코올 도수: 50%

## 버번 명장이 만든 프리미엄 버번

빔가 6대인 부커 노우에 의해 1992년에 탄생한 제품. 버번 제조의 명장이라 불리는 그가 본래 버번으로 회생시킨 크래프트 버번 시리즈의 하나이다. 노브크릭이란 켄터키힐에 흐르는 작은 강 이름으로, 16대 미국 대통령 에이브러햄 링컨이 소년기를 보낸 곳으로도 유명하다.

평평한 형태의 독특한 병 모양은 금주법 시대 부츠 안에 감추기 쉬웠던 병 디자인을 모티브로 한 것이다. 9년 이상 숙성시켜서 알코올 도수 50%. 그 힘차고 깊이 있는 맛과 진한 향으로 세계적 권위의 주류 품평회인 ISC 2014에서 금상을 수상하였다. 노브크릭의 프리미엄한 맛을 전 세계가 인정한 것이다.

### 사사키의 메모

'옛날 버번은 이랬다'라는 생각이 들게 하는 위스키. 무사 같은 강한 힘을 느끼게 합니다. 동료들과 마시는 버번과는 조금 다르게 혼자 늦은 밤에 독서 등을 하면서 온더록스로 음미하며 즐기는 한 잔이라고 할까요.

### 테이스팅 노트

**향미의 특징**: 저온과 고온으로 두 번 그을린 특별한 오크통에서 9년 이상 숙성시킨 스몰배치 버번, 알코올 도수 50%, 너트 같은 오크통향과 프루티하고 리치한 깊은 맛이 특징.

**색**: 짙은 호박색
**향**: 바닐라, 너트, 오크통향
**맛**: 강한 바닐라의 단맛, 캐러멜, 약간 스모키함
**피니시**: 리치한 단맛의 여운이 길게 지속됨

**● 과일향**

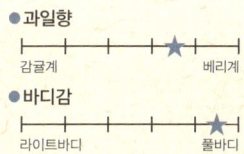

감귤계       베리계

**● 바디감**

라이트바디       풀바디

**주요 숙성 오크통**: 미국산 버진 화이트 오크통

**● 라인업**
**노브크릭 싱글 배럴**: 싱글 배럴(단일 오크통)의 원주만을 사용. 바닐라나 캐러멜을 연상시키는 달콤한 향미가 있어 강력한 여운이 남는다.
**노브크릭 라이**: 강력하고 리치한 맛 속에 퍼지는 호밀의 스파이시한 향미가 특징.

스카치

아이리시

**아메리칸**

캐나디안

재패니즈

# 캐나디안 위스키

**금주법 시대에 발전하여 라이트하고 마시기 편한 위스키**

　북미 대륙의 약 41%를 차지하는 캐나다는 국토의 많은 부분이 북극권에 속하며 인구의 80%는 미국과의 국경 200km 이내 지역에 집중해 있습니다. 빙하, 숲이 우거진 산과 계곡, 대하천과 유명한 5대호 등 자연이 풍성한 땅입니다.

　캐나디안 위스키의 특징은 '세계 5대 위스키' 중 가장 라이트하고 마시기 좋다는 것입니다. 옥수수 등을 주원료로 한 베이스 위스키와 호밀, 옥수수, 호밀맥아, 보리맥아를 원료로 한 플레이버링 위스키 두 종류의 원주가 있습니다. 이 두 개의 원주를 블렌드한 것이 캐나디안 블렌디드 위스키로 캐나디안의 대부분이 이 타입입니다. 블렌드 비율은 베이스 위스키 70~90%, 플레이버링 위스키 10~30%가 일반적입니다.

〈캐나디안 위스키의 정의(발췌)〉

① 곡물을 원료로 하고 맥아 등으로 당화하고 효모 등으로 발효시켜서 증류한 것.

② 700ℓ 이하의 나무통에서 3년 이상 숙성시킨다.

③ 알코올 도수 40% 이상에서 병입한다.

④ 캐러멜 또는 플레이버링의 첨가는 가능.

유명한 제품으로는 캐나디안클럽과 크라운로열입니다. '클럽'이라는 이름에서 보듯이 사교장의 위스키라는 성격이라고 볼 수 있습니다. **캐나디안클럽은 'C.C.'라고 불리며 하이볼을 만들면 마시기 좋습니다. 게다가 생산이 안정되어 있기 때문에 가성비도 좋아서 위스키 초보자의 입문 코스로도 추천할 만합니다.**

캐나디안클럽을 만든 증류소는 온타리오주 윈저에 있습니다. 윈저는 디트로이트강을 사이에 두고 미국의 디트로이트 건너편에 입지. 풍요로운 수자원에 둘러싸인 것뿐만 아니라 곡창 지대에도 가깝고, 무엇보다도 대량 소비지인 미국과 직접 연결하고 있습니다. 이 땅을 선택한 것은 하이램 워커라는 인물. 그는 워커빌이라는 위스키 거리까지 만들 정도로 정열을 쏟아서 현재까지 이어지는 캐나디안 위스키 맛의 창시자라고 해도 과언이 아닙니다.

그리고 캐나디안 위스키의 역사를 말하자면 1920년부터 1933년까지 계속된 미국의 금주법을 뺄 수가 없습니다. **미국에서는 당시 주류 제조와 판매를 일체 금지했지만 마시는 것은 금지하지 않았습니다. 그 점에 주목한 캐나다 상인들이 미국에 대량의 밀수출을 반복하여 캐나다는 '미국의 위스키 창고'라고 불릴 정도였습니다.**

그때 암약했던 사람이 바로 유명한 갱단 두목 알 카포네입니다. 캐나다와 미국은 5대호를 사이에 두고 있으며 겨울이 되면 호수가 얼어서 트럭으로도 밀수가 가능했습니다. 대량의 위스키를 밀수하기 위해 알 카포네는 캐나다와 미국의 국경을 잇는 터널을 파서 벨트 컨베이어를 이용했다는 설도 있습니다. 또 당시 병이 깨지지 않도록 특수한 엠보싱 가공을 했다고도 합니다. 그 터널은 전설이 되었습니다만 캐나다 쪽에 터널 입구가 분명히 남아 있어 신뢰도가 높답니다. 이처럼 갱들에 의한 밀수, 밀조가 횡행했기 때문에 민중들의 불만도 높아졌고 1933년 금주법은 루스벨트 대통령에 의해서 폐지되었습니다.

# 캐나디안 위스키
## 증류소 지도

### 하이램워커증류소

1856년 설립. 장소는 디트로이트강 가, 건너편은 미국. 온타리오주 윈저는 청담하고 풍부한 수자원과 자연에 둘러싸여 있고 곡창 지대와도 가까워서 위스키 제조의 최적 조건을 갖추고 있다. 게다가 대소비지 미국과도 바로 연결되고 있다.

앨버타주
① 앨버타

매니토바주
② 김리

온타리오주
③ 하이램워커
④ 캐나디안미스트

노바스코샤주
⑤ 글레노라

캐나디안 베이스코도 힐약 증인 위스키 입문편

# 캐나디안클럽
Canadian Club

캐나디안클럽
창업년: 1858년   증류소명: 하이램워커증류소
용량: 700ml   알코올 도수: 40%

## 전 세계에서 사랑받는 캐나디안 위스키의 대표격

세계 150개 이상의 나라에서 친근한 마음을 담아 'C.C'라는 애칭으로 불리는 브랜드. 온타리오주 윈저에 있는 증류소는 풍부한 수자원과 자연 덕분에 위스키 제조에는 최적의 환경이다.

1858년 하이램 워커에 의해 탄생하였다. 지금까지 맛볼 수 없었던 새로운 감각의 테이스트로 순식간에 미국 동부를 중심으로 신사들이 모이는 클럽에서 인기를 획득, 지금의 캐나디안 위스키의 향미를 좌우할 정도로 영향을 미쳤다.

제조의 최대 특징은 플레이버링 위스키의 분별 제조에 있다. 원료를 최종적으로 단식 증류기에서 증류해서 만드는 스타스페셜과 연속식 증류기로 증류해서 만드는 스타. 이 두 가지와 베이스 위스키의 절묘한 배합 비율로 은은하고 달콤한 향을 가진 깔끔한 맛이 탄생된다.

### 사사키의 메모

일단 깔끔한 맛이 특징. 뜨거운 여름날에는 이것으로 만든 하이볼만 있으면 아무것도 필요 없답니다. 칵테일을 만들 때 믹서빌리티(혼합성)도 훌륭하기 때문에 직접 여러 가지 시험을 해 보는 것도 좋을 것 같습니다.

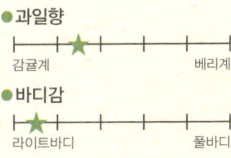

## 테이스팅 노트

**향미의 특징:** 알코올 도수 40%, 거침 없고 깔끔한 맛으로 마시기 좋은 것이 특징. 호밀 주체의 플레이버링 위스키로 인한 경쾌하고 화려한 향과 함께 부드러운 감칠맛을 느낄 수 있다.

**색:** 밝은 황금색
**향:** 캐러멜, 바닐라, 스파이시
**맛:** 연함, 스무스, 멜로, 약간의 오크와 바닐라
**피니시:** 깔끔하고 드라이하면서 부드러운 오크의 감각

**●과일향**

감귤계 ──── ★ ──────── 베리계

**●바디감**

라이트바디 ★ ──────── 풀바디

**●라인업**
**캐나디언클럽 클래식 12년:** 오크통에서 12년 이상 숙성. 마일드한 입안 느낌과 매끄러운 맛.
**캐나디안클럽 블랙라벨:** 오크통에서 8년 이상 숙성. 일본인 취향에 맞춘 프리미엄 위스키.
**캐나디안클럽 20년:** 양질의 오크통에서 20년 이상 숙성. 깊고 풍성한 맛을 즐길 수 있다.

# 재패니즈 위스키

**'그 외 나라'에서 '세계 5대 위스키' 중 하나로**

일본에 처음 위스키가 소개된 것은 1853~1854년 페리의 흑선 내항 때입니다. 1852년 페리가 이끄는 함대(기함 서스퀘해나)는 미국 동해안 노퍽 군항을 출발, 동쪽 항로로 1853년 류큐(지금의 오키나와)에 도착하였습니다. 페리 함대는 이곳에서 류큐 왕국의 집정과 고관들을 만찬에 초대하였는데, 그들이 일본에서 처음으로 위스키를 마신 사람들이라고 전해집니다.

같은 해 1853년 페리 함대는 우라가 앞바다에 닻을 내렸습니다. 그때 교섭을 담당했던 우라가의 관리들은 함대에서 환대를 받았으며 위스키를 마셨다고 합니다. 그것이 사실일까 생각하는 것도 즐거운 일입니다. 역사서에는 '도쿠가와에게 위스키를 진상했다'는 기록이 남아 있습니다. 페리가 가져온 위스키가 무엇인지는 여러 가지 설이 있습니다. 어느 나라에 기항해서 위스키를 운반해 왔는지, 아니면 미국의 위스키였는지…. 이 또한 재미있는 이야기입니다.

그러나 일본산 위스키의 탄생까지는 그 후 수십 년을 기다려야만 했습니다. 1923년 산토리 창업자인 도리 신지로 씨가 당시 대히트 상품 '아카다마 포트와인'의 이익을 전부 투자해서 야마자키증류소 건설에 착수, **본격적인 포트스틸을 설비한 일본 최초의 몰트위스키 증류소에서 1924년 증류를 개시하였습니다.** 여기서부터 재패니즈 위스키의 역사가 시작되었기 때문에 아직 역사는 짧다고 할 수 있습니다.

1929년에는 '시로후다'라고 명명한 일본산 위스키 제1호를 국내에서 발매했지만 크게 고전했습니다. **당시 일본인은 위스키 특유의 피트향에 익숙하지 않아서 그 향기가 지지를 받지 못했던 것 같습니다.** 그러나 빛을 보지 못한 채 오크통에 남아 있던 원주가 장기간 숙성되어 깊이 있는 양질의 원주가 될 것을 도리 신지로 씨는 알고 있었습니다.

그리고 1937년 최초의 '가쿠빈'(당시의 상품명은 산토리 위스키 12년산 가쿠빈)을 발매하여 지금까지 이어지는 히트 상품이 되었습니다. 이 이야기는 제5장 '재패니즈 위스키의 향후'에서 상세히 적겠습니다.

시간이 흘러 2003년 ISC(International Spirits Challenge)라고 하는 세계에서 가장 권위 있는 품평회에서 야마자키 12년이 일본 위스키로서는 처음으로 금상에 빛났습니다. ISC에서 그때까지 '그 외 나라'의 하나였던 일본 위스키가 그 품질을 높게 평가받아서 재패니즈 위스키의 존재감을 세계에 부각시킨 것입니다. 그리고 2004년에는 히비키 30년이 ISC 최고상 트로피를 획득. 이때부터 다양한 해외 대회에서 수상을 거듭하여, 재패니즈 위스키는 '세계 5대 위스키'의 한 자리를 차지하게 되었습니다.

현재는 일본 전국에 십수 개의 증류소가 점재하며 각각 개성적인 위스키를 제조하고 있습니다. 최근에는 대자본의 증류소뿐만 아니라 작은 증류소가 개성적인 원주를 만드는 크래프트 증류소도 많이 육성되었습니다. 향후 움직임이 매우 기대가 됩니다.

# 재패니즈 위스키
## 증류소 지도

SUNTORY YAMAZAKI DISTILLERY

山崎

## 야마자키증류소

1923년에 착공. 교토 남서쪽 천왕산 아래의 오사카부에 위치. 야마자키는 풍요로운 자연에 둘러싸이고 가쓰라강, 우지강, 기즈강이 합류하는 독특한 지형. 습도가 높아서 위스키 숙성에 최적 환경이며 위스키 제조의 이상향이라고도 할 수 있다.

① 요이치
② 앗케시
③ 미야기쿄
④ 지치부
⑤ 하쿠슈
⑥ 마르스신슈

⑦ 후지고텐바
⑧ 지타
⑨ 야마자키
⑩ 카노스케
⑪ 마르스츠누키

흙는 물과 장인의 손이 빚어낸 싱글 몰트

# 야마자키

THE YAMAZAKI 山崎

산토리 싱글 몰트 위스키 야마자키
발매년: 2012년  증류소명: 야마자키증류소
용량: 700ml  알코올 도수: 43%

## 세계의 수많은 상을 수상한 메이드 인 재팬의 걸작

일본에서 가장 오래된 몰트위스키 증류소인 야마자키증류소에서 만들어진 일본 대표 브랜드. 탄생한 것은 1984년. 싱글 몰트가 아직 메이저가 아니었던 시대에 산토리 제2대 마스터 블렌더 사지 게이조가 '일본을 대표할 싱글 몰트를 만들자'고 결의함으로써 탄생하게 되었다. 야마자키는 훗날 ISC에서 일본 첫 금상 수상작이 되는 등 세계에서도 품질을 인정받아 수많은 상을 획득하였다. 라벨의 붓글씨는 사지 게이조의 작품인데 한자 '崎'에서 음에 해당하는 부분이 '寿'라는 글자로 변해 있는 것이 특징이다.

2012년 발매된 야마자키는 굳이 '넌에이지'라 하는데 몰트위스키 원주의 매력이 충분히 살아 있으며 싱글 몰트 입문 위스키로도 최적의 완성도를 자랑하고 있다.

### 사사키의 메모

일본 최고(最古)의 본격 몰트위스키 증류소의 역사를 느끼고 싶습니다. 역시 시작은 그 맛에 있겠지요. 편안한 달콤함은 키몰트인 와인 오크통 원주에서 유래. 반드시 위스키 애주가가 되는 계기가 될 것입니다.

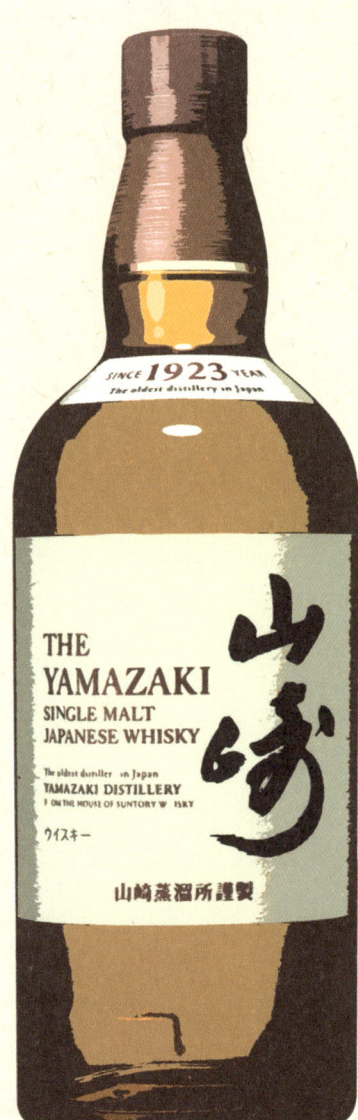

스카치

아이리시

아메리칸

캐나디안

재패니즈

● ● ● ● ● ● ● ● ●
## 테이스팅 노트

**향미의 특징:** 야마자키 전통의 미즈나라(물참나무) 오크통 원주나 와인 오크통 원주 등 다채로운 개성이 융합. 야마자키다움을 남긴 새로운 테이스트가 되었다. 화사한 향에 숨어 있는 딸기 같은 향은 와인 오크통 숙성 위스키 원주와 달고 황홀하고 유연함이 입안에 퍼지는 미즈나라 오크통 숙성 몰트위스키 원주가 합쳐져서 생긴다.

**색:** 붉은 빛 도는 밝은 호박색
**향:** 딸기, 체리
**맛:** 벌꿀, 유연한 입안 식감, 입안에 퍼지는 달콤함
**피니시:** 달콤한 바닐라, 시나몬, 아름답고 편안한 여운

● **과일향**

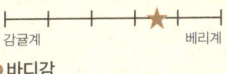

감귤계　　　　　　　　　　베리계

● **바디감**

라이트바디　　　　　　　풀바디

● **피트 레벨**

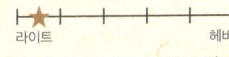

라이트　　　　　　　　　　헤비

**주요 숙성 오크통:** 미즈나라(물참나무) 오크통, 와인 오크통

● **라인업**
**야마자키 12년:** 섬세하고 복잡함, 깊은 맛, 품위 있는 테이스트로 세계를 지속적으로 매료시키는 일품.

179

싱글 몰트

풍요로운 숲에서 태어난 경쾌한 맛

# 하쿠슈
## THE HAKUSHU 白州

산토리 싱글 몰트 위스키 하쿠슈
발매년: 2012년   증류소명: 하쿠슈증류소
용량: 700ml   알코올 도수: 43%

## 경쾌하면서도 깊은 숲을 연상시키는 향미

야마나시현 호쿠토시에서 탄생한 싱글 몰트. 일본 남알프스산맥 아래 표고 700m에 위치한 하쿠슈증류소는 광대한 숲에 둘러싸여 있어서 '숲속의 증류소'라고도 불린다.

제조는 화강암층에서 걸러진 남알프스 천연수를 양조용수로 사용. 전통 나무통에서 발효시켜 크기와 형상이 다른 포트스틸을 구분해서 사용한다. 그렇게 해서 만든 다채로운 몰트위스키 원주는 숲속 신록을 연상시키는 경쾌하면서도 깊은 맛이 된다.

2020년 ISC에서 하쿠슈 25년이 트로피를 수상할 정도로 일본뿐만 아니라 세계를 매료시켜 왔다.

2012년에 발표된 하쿠슈도 넌에이지로 본격적인 맛을 지니면서도 마시기 편안함을 추구하였다. 촉촉함 속에 약간의 스모키 풍미를 느낀다.

### 사사키의 메모

야마자키와는 또 다른 테이스트. 많은 몰트팬들은 취향이 한쪽으로 편향될 것입니다. 라이트한 스모키함과 깔끔한 입안 느낌, 감귤계의 향기, 조금 그을린 듯한 훈제가 있다면 더 바랄 게 없는….

## ● ● ● ● ● ● ● ● ● 테이스팅 노트

**향미의 특징:** 숲속 신록처럼 촉촉하고 프레시한 향기, 깔끔하고 경쾌한 맛. 하쿠슈증류소의 다채로운 원주 중에서 가벼운 피티드 원주를 시작으로 엄선된 각종 몰트위스키 원주가 중첩되어 맛에 복잡함과 깊이를 가져다준다.

**색:** 밝은 황금색
**향:** 스다치(영귤), 민트
**맛:** 경쾌하고 깔끔한 입안 느낌, 은은한 산미를 느끼는 개운함
**피니시:** 아련한 스모키함과 약간의 달콤한 맛, 개운한 뒷맛

**● 과일향**
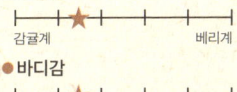
감귤계      베리계

**● 바디감**

라이트바디      풀바디

**● 피트 레벨**
라이트      헤비

**주요 숙성 오크통:** 혹스헤드 오크통, 스패니시 오크통

**● 라인업**
**하쿠슈 18년:** 복잡하고 깊이 있는 달콤함. 오크통 향과 완벽한 조화.
**하쿠슈 25년:** 크리미하고 우디한 원주, 피트를 먹인 스모키한 원주, 과일맛이 풍부한 스패니시 오크통 원주를 엄선하여 천천히 후숙성시키고 있다.

**싱글 그레인**

매끄러운 목넘김은 일식과도 완벽한 조화

# 지타
### THE CHITA 知多

산토리 위스키 지타
발매년: 2015년　증류소명: 지타증류소
용량: 700ml　알코올 도수: 43%

## 세계 어디서도 찾을 수 없는 혁신적인 제조법 싱글 그레인

경쾌한 목넘김이 특징인 지타는 이세만이 내려다보이는 아이치현 지타반도의 증류소에서 만들어진다. 지타가 야마자키나 하쿠슈와 크게 다른 점은 옥수수 같은 곡물을 원료로 쓰는 그레인위스키라는 점이다. 지타증류소에서 생산되는 그레인위스키 원주는 산토리의 각종 블렌디드 위스키를 지탱하는 역할을 하고 있다.

지타의 고집은 세계에서도 찾아볼 수 없는 다채로운 그레인위스키 원주의 분별 제조에 있다. 헤비, 미디엄, 클린, 3타입의 원주를 만들어서 그것을 화이트 오크통이나 스패니시 오크통, 와인 오크통 등 복수의 오크통에서 숙성시킨다.

그렇게 해서 완성된 각각의 개성 있는 원주를 블렌드해서 지타 특유의 맛이 만들어진다.

### 사사키 메모

그레인위스키의 테이스트를 남기면서도 깔끔함을 전면에 나타내고 있습니다. 재료의 맛을 최대한 살리는 일식과의 조화가 뛰어납니다. 특히 다시물이 잘 베인 일식에 어울립니다. 휴일 전날 저녁에는 아무 생각 없이 자, 마시자!

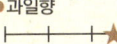
## 테이스팅 노트

**향미의 특징:** 경쾌하고 달콤한 향기, 미끄러지는 듯한 목넘김과 여운이 인상적. 하이볼로 마시면 맑고 투명함 속에 유연함과 달콤함을 느낄 수 있다. 반주로 추천, 특히 육수에 집중하여 재료 그 자체의 맛을 전면에 내세우는 일식과 잘 어울린다.

**색:** 밝은 황금색
**향:** 순수하고 깨끗함, 달콤한 오크통 향
**맛:** 입안에서 매끄럽고 달고 부드러움
**피니시:** 깨끗함, 은은한 달콤함

● **과일향**
감귤계 ──┼──┼──★──┼── 베리계

● **바디감**
라이트바디 ──★──┼──┼──┼── 풀바디

● **피트 레벨**
라이트 ──★──┼──┼──┼── 헤비

**주요 숙성 오크통:** 화이트 오크통, 스패니시 오크통, 와인 오크통

THE
CHITA
SINGLE GRAIN
JAPANESE WHISKY
SINCE 1972

CHITA DISTILLERY
FROM THE HOUSE OF
SUNTORY WHISKY

知多蒸溜所謹製

블렌디드

일본의 지연과 장인의 기술이 향연을 펼치다

# 히비키

HIBIKI 響

산토리 위스키 히비키 재패니즈 하모니
발매년: 2015년    증류소명: 야마자키증류소, 하쿠슈증류소, 지타증류소
용량: 700ml    알코올 도수: 43%

## 겹겹이 중첩시킨 원주의 화려한 하모니

'일본인의 감성으로 세계에서 사랑받는 위스키를 만든다'라고 하는 산토리 창업자 도리 신지로가 그의 꿈을 이루었다고 해도 과언이 아닌 걸작. ISC 등 세계적으로 권위 있는 상을 몇 번이나 수상할 정도로 지금은 전 세계가 그 존재에 주목하고 있는 브랜드가 되었다.

히비키(響)라는 이름에는 '사람과 자연이 조화를 이룬다'고 하는 산토리의 기업 이념이 깃들어 있다. 예부터 전해 내려오는 24절기를 나타낸 24면 컷의 디캔터 보틀도 아름답고 일본 전통미가 넘친다.

야마자키, 하쿠슈, 지타 세 증류소에서 만들어진 여러 오크통의 원주 각각의 개성을 파악해서 엄선한 원주를 겹겹이 중첩하는 그런 섬세한 감성의 블렌드 기술이 산토리가 최고봉인 이유. 그 맛은 중층적이며 달콤하고 화려하다.

### 사사키의 메모

블렌디드의 극치. 시대의 흐름이나 위스키 제조, 보틀이나 라벨에 대한 고집 등 세부적인 부분까지 감성이 깃들어 있습니다. 우아하게 사색에 잠겨서 혼자 화려하게 마시고 싶은 한 잔입니다.

스
카
치

아
이
리
시

아
메
리
칸

캐
나
디
안

재
패
니
즈

## 테이스팅 노트

**향미의 특징:** 미즈나라 오크통, 스패니시 오크통, 화이트 오크통 등의 몰트위스키 원주나 그레인 위스키 원주 수십 종 이상을 블렌드하여 화려하게 퍼지는 부드러운 풍미. 일본 위스키 특유의 아름답고 균형 잡힌 하모니는 일식에도 어울리는 투명감 있는 맛.

**색:** 호박색
**향:** 과일, 리치, 은은한 로즈마리, 숙성된 오크통향, 백단
**맛:** 벌꿀의 투명한 단맛, 오렌지 필 초콜릿
**피니시:** 섬세, 부드럽고 은은함이 이어지는 여운, 은은한 미즈나라

● **과일향**

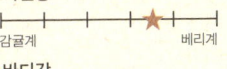

감귤계 　　　　　　 베리계

● **바디감**

라이트바디 　　　　 풀바디

● **피트 레벨**

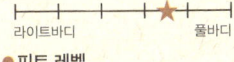

라이트 　　　　　　 헤비

**주요 숙성 오크통:** 미즈나라(물참나무) 오크통, 셰리 오크통, 화이트 오크통

● **라인업**
**히비키 21년:** ISC 2017에서 전 부문의 정점 '슈프림 챔피언 스피릿' 수상. 주령 21년 이상의 희소한 원숙 원주를 블렌드.

185

창업자의 이상적 위스키 중 하나

# 산토리 위스키 로열
ROYAL

산토리 위스키 로열

발매년: 1960년　증류소명: 야마자키증류소, 하쿠슈증류소, 지타증류소
용량: 700ml　알코올 도수: 43%

## 창업자의 유작이 된 최후이자 최고 명작

산토리 창업 60주년 기념으로 탄생. 창업자이자 초대 마스터 블렌더인 도리 신지로의 유작이다. 브랜드 설계는 야마자키증류소에 인접한 시이오 신사의 입구문인 도리이와 거기에 눈처럼 흩날리는 벚꽃을 이미지한 것으로 전해진다. 일본인이 '정말 맛있다!'라고 느끼는 맛을 추구하여 완성시킨 것으로, 블렌드 비율은 '황금 비율'이라고 해도 과언이 아니며 그야말로 신지로의 꿈의 도달점이라고도 말할 수 있는 걸작이다.

조각가 우에키 시게루가 디자인한 '酉'라는 한자 모양을 뜬 사각병도 독창적이다. '酉'는 12간지의 열 번째이기도 하며 술독이나 술병이라는 의미도 함께 가진다. 둥근 커브의 코르크 마개도 브랜드 설계와 같은 시이오 신사의 도리를 이미지한 것이며 창업자의 성 도리와 신사의 도리를 오버랩한 의도도 숨겨져 있다는 것이 독특하다.

### 사사키의 메모

뛰어난 블렌드 밸런스. 이것이 없다면 히비키도 야마자키도 없었을 것입니다. 독특한 병모양, 블렌드 밸런스가 좋음. 발매 60년 이상이나 된 지금도 숨은 팬이 아주 많습니다. 온더록스로 마시는 걸 추천합니다.

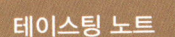

## 테이스팅 노트

**향미의 특징:** 1960년 탄생 이래 일본 고급 위스키의 대명사로 군림. 도리 신지로의 이상적인 향미를 전승해 오고 있다. 달콤하고 화사한 향, 부드럽고 매끄러운 맛, 깨끗하고 편안한 여운이 특징.

**색:** 호박색
**향:** 마멀레이드나 건과일 같은 달콤하고 방순한 향
**맛:** 매끄럽고 달콤한 입맛, 베리계의 어우러지는 산미
**피니시:** 잘 조화된 편안한 여운

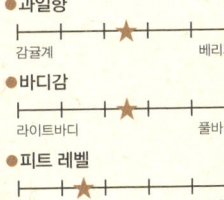

●과일향

감귤계 ────────★──── 베리계

●바디감

라이트바디 ──────★──── 풀바디

●피트 레벨

라이트 ──★──────── 헤비

SPECIAL QUALITY

*Suntory Whisky*

# ROYAL

BLENDED WHISKY
THE FOUNDER'S IDEAL

PRODUCED BY SUNTORY, ESTABLISHED 1899
PRODUCT OF JAPAN

700ml ウイスキー 43%VOL.

# WHISKY CATALOG

일본 최고의 판매 기록을 가진 일본의 스탠더드

# 산토리 위스키 올드
SUNTORY OLD

산토리 올드 위스키

발매년: 1950년  증류소명: 야마자키증류소, 하쿠슈증류소, 지타증류소
용량: 700ml  알코올 도수: 43%

## 쇼와 시대 비지니스맨의 스탠더드가 된 동경의 술

완성된 것은 1940년이지만 제2차 세계대전의 영향으로 1950년에 발매되었다. 원숙한 몰트위스키 원주와 고품질의 그레인위스키 원주만으로 만든 올드는 발매 당시 일하는 남성들이 동경한 술, 출세하면 마시는 술의 상징이 되었다. 매장에서도 품귀 현상이 이어져서 환상의 술이라고도 불렸다.

그 후 일본은 고도 경제 성장기에 진입하였고 바 등에서 보틀킵이 유행하였으며 광고, 캠페인 활동에 의해 판매량이 급상승. 둥글게 빚어진 병 모양 때문에 '달마' '너구리' 등의 애칭으로 친숙해졌고, 1980년에는 1,240만 갑이라고 하는 세계 위스키 역사상 최고의 판매량을 기록하였다. 레이와 시대(2019년~현재)가 된 지금도 풍요로운 맛과 변하지 않는 보편성으로 시대를 초월해서 위스키 애호가들의 사랑을 받고 있다.

### 사사키의 메모

1980년대의 올드가 그리워지는 사람들도 많을 것입니다. 스패니시 오크의 테이스트를 천천히 맛보기에 아주 흡족합니다. '그때! 그 음악!'을 천천히 들으면서 옛날을 회상하는 것도 좋을 것 같네요.

스카치

아이리시

아메리칸

캐나디안

재패니즈

## 테이스팅 노트

**향미의 특징:** 다양한 원주를 엄선해서 블렌딩한 산토리 위스키 제조의 전통과 예지의 결정체. 위스키를 사랑하는 많은 사람들의 혀에서 단련되고 연마되어 온 맛은 그 옛날 올드의 키몰트였던 스패니시 오크통을 개량함으로써 더욱 부드러워졌다.

**색:** 호박색
**향:** 건포도나 벌꿀의 달콤함 속에 우디함
**맛:** 깨끗하고 부드러운 느낌 속에 은은한 쓴맛
**피니시:** 깨끗하면서 우디함

● **과일향**
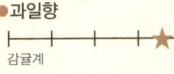
감귤계            베리계

● **바디감**
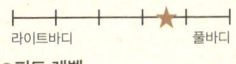
라이트바디        풀바디

● **피트 레벨**
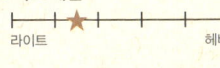
라이트            헤비

00년 이상 사랑받아 본 롱 셀러

# 산토리 위스키 가쿠빈
Santory Whisky

산토리 위스키 가쿠빈
발매년: 1937년　증류소명: 야마자키증류소, 하쿠슈증류소, 지타증류소
용량: 700ml　알코올 도수: 40%

## 일본의 하이볼 붐을 만든 장본인

가쿠빈 하면 하이볼이라고 할 정도로 지금까지 계속되는 하이볼 붐에 불을 붙인 극적 존재. 일본에서는 지금 다양한 장소, 상황에서 지속적으로 사랑받고 있다.

탄생한 것은 1937년. 산토리 창업자 도리 신지로가 '스카치에 지지 않는 일본 위스키'를 목표로 완성시킨 것으로, 거북이 등 문양의 병이 일본다움을 느끼게 하는 디자인이다. 발매 당시부터 라벨에는 가쿠빈(각진 병)이라는 제품명은 표기되어 있지 않았다. 각진 병 모양에서 누가 먼저라고 할 것도 없이 애칭으로 불렀고 그대로 제품명으로 정착되었다고 한다.

야마자키증류소와 하쿠슈증류소에서 숙성시킨 원주를 밸런스 좋게 블렌드한 맛은 두터운 깊이와 드라이한 뒷맛이 특징. 하이볼로 마시면 한 층 돋보이는 맛으로 완성된다.

### 사사키의 메모

이미 증명은 필요 없을지 모르는 위스키. 하이볼로도 미즈와리로도 온더록스로도. 그리고 동료들과 떠들고 먹고 하는 곳에 꼭 등장합니다. 자! 오늘은 가쿠 하이볼에 무엇을 곁들여 볼까요?

## ● ● ● ● ● ● ● ● ● ●
## 테이스팅 노트

**향미의 특징:** 키몰트가 되는 버번 오크통 원주 및 그레인위스키 원주 유래의 부드럽고 달콤한 향기가 특징. 80년 이상 지켜 온 드라이한 맛 속에 위스키다운 두터움을 느낄 수 있다.

- - - - - - - - - - - - - - - - - -

**색:** 호박색
**향:** 달콤한 향
**맛:** 두터움과 깊이, 드라이한 뒷맛
**피니시:** 깨끗한 뒷맛

- - - - - - - - - - - - - - - - - -

● **과일향**

감귤계 　　　　　　　　　 베리계

● **바디감**

라이트바디 　　　　　　　 풀바디

● **피트 레벨**

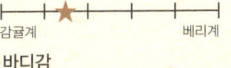

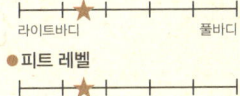

라이트 　　　　　　　　　 헤비

**블렌디드**

싸서 오고 시킹빗아 온 우수한 가성비

# 산토리 위스키 토리스
## SUNTORY WHISKY TORYS

산토리 위스키 토리스(클래식)
발매년: 2015년   증류소: 야마자키증류소, 하쿠슈증류소, 지타증류소
용량: 700ml   알코올 도수: 37%

## 일본의 경제 성장과 함께 위스키 문화의 초석을 형성

1946년 제2차 세계대전 직후 일본에서 탄생. 당시 암시장에서 저품질 술에 손을 대던 국민에게 '싸고 맛있는 위스키를 마시게 하고 싶다'는 생각에서 만들어졌다.

1950년 이후 '토리스바'가 각지에 출현. 당시 고토부키야(현재의 산토리)의 직원이었으며 훗날 아쿠타가와상 작가가 된 가이코 다케시가 만든 캐치프레이즈 '인간'답게 지내고 싶다' 등이 화제를 불러 일으키며 일본의 경제 성장과 함께 위스키 문화의 초석을 구축해 왔다. 특히 샐러리맨의 심정을 유머러스하게 대변한 캐릭터 '엉클 토리스'는 지금도 라벨에 남아서 브랜드의 얼굴로 사랑받는 존재이다.

2015년에는 토리스 클래식을 발매. 다양한 방법으로 부담없이 즐길 수 있는 위스키로서 다시 새롭게 팬을 늘려 가고 있다.

### 사사키의 메모

즐거울 때 마시는 위스키라고 하면 바로 이것! 결코 찔끔찔끔 마시는 술이 아닙니다. 파티에도 좋고 식사 때도 좋고 그야말로 동료들과 마음 놓고 즐기면서 마시는 첫 블렌디드 위스키라고 해도 과언이 아닙니다.

## 테이스팅 노트

**향미의 특징:** 위스키를 시작하는 사람에게는 아주 적합한 테이스트. 깊이와 입체감이 있고 밸런스 좋은 향미가 특징. 누구라도 위스키 본래의 테이스트를 느낄 수 있다. 하이볼은 물론 온더록스나 미즈와리 등 폭넓게 즐길 수 있다.

**색:** 호박색
**향:** 부드럽고 온화하고 달콤한 향
**맛:** 매끄럽고 깔끔하며 조화가 잘된 맛, 싫증 나지 않는 깊은 맛
**피니시:** 은은한 달콤함, 경쾌하고 깨끗한 여운

●과일향

감귤계　　　　　　　베리계

●바디감

라이트바디　　　　　풀바디

●피트 레벨
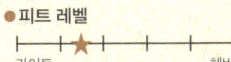
라이트　　　　　　　헤비

**주요 숙성 오크통:** 스패니시 오크통

193

# WHISKY CATALOG

세계 최초! 산토리 소유 증류소의 세계 5대 위스키를 블렌드

# 아오
Ao 碧

산토리 월드 위스키(아오) [碧 Ao]
발매년: 2019년   증류소명: 아드모어증류소, 글렌기어리증류소, 쿨리증류소, 짐빔증류소,
앨버타증류소, 야마자키증류소, 하쿠슈증류소
용량: 700㎖   알코올 도수: 43%

## 일본의 블렌드 기술로 세계를 연결한 위스키

산토리 소유의 세계 5대 위스키 원주를 블렌드한 사상 첫 월드 위스키.
2014년에 빔산토리 설립 후 5년의 세월을 거쳐 2019년에 탄생.
세계 5개국 7개 증류소의 원주가 사용되고 있는 아오(碧 Ao). 도전과 실
수를 반복하면서 도달한 것은 새로운 접근으로 찾아낸 블렌드 방법이다.
조화를 기준으로 원주의 풍부한 개성을 살려 가면서 조심스럽게 중첩시
킨 것이 장점. 마시는 방법에 따라 각 원주의 개성이 보인다고 할 정도로
다양성이 풍부한 새로운 맛이 된다.
5개국을 표현한 오각형의 병과, 깊고 아름다운 바다를 나타내는 감색의
브랜드 컬러, 뚜껑에 그려진 나침반 등 디자인에서도 일본과 세계를 연결
하는 아오(碧 Ao)의 메시지가 담겨 있다.

### 사사키의 메모

5대 위스키를 블렌드한 일품. 제조법이나 원료가 다른 원주를 블렌드하기 때문에 때
와 장소에 따라서 표정을 달리하고 있습니다. 하이볼, 미즈와리, 온더록스로 시험해
보면 이 위스키의 즐거움을 알 수 있습니다.

### 테이스팅 노트

**향미의 특징**: 달콤하고 화사한 향기와 원만한 입안 느낌이면서도 두께가 있는 맛. 기분 좋은 스모키함도 느껴진다. 풍토가 다른 원주가 엮어 내는 다양한 표정, 마시는 방법이나 계절에 따라 복잡하게 변화하는 맛을 즐길 수 있다.

**색**: 호박색
**향**: 화사한 바닐라 같기도 하고 파인애플 같기도 한 프루티한 탑노트(첫향), 크림계의 단맛과 농후하고 우디한 향
**맛 · 피니시**: 단맛과 스모키, 스파이시, 우디함 등이 기분 좋게 복잡하게 얽히면서 길게 지속된다.

● **과일향**

| 감귤계 | | ★ | | 베리계 |

● **바디감**

| 라이트바디 | | ★ | | 풀바디 |

● **피트 레벨**

| 라이트 | | ★ | | 헤비 |

**주요 숙성 오크통**: 스패니시 오크통

● **라인업**
**아오 스모키 플레저**
2022년 발매한 한정 수량 상품. 세계 5대 위스키를 피티드 몰트 위스키 원주를 축으로 블렌드.

스카치

아이리시

아메리칸

캐나디안

재패니즈

# 그 외 지역의 위스키

**세계 5대 위스키를 추격하는 새로운 기백의 위스키**

지금까지 소개해 온 '세계 5대 위스키' 외에도 세계 각지에서 독자적인 위스키를 만들고 있습니다. **가장 주목받는 것은 타이완의 '카발란'이라고 하는 싱글 몰트 위스키인데 원래 음료 메이커였던 기업이 돌연 증류소를 건설하여 2008년에 출시한 제품입니다.** 카발란은 2010년에 스코틀랜드에서 개최된 블라인드 테이스팅 이벤트에서 지지를 받았으며, 위스키 평론가인 츠치야 마모루가 개최한 TWSC(Tokyo Whiskey & Spirits Competition)에서는 2020년에 특별상 '베스트 오브 더 베스트'를 획득했습니다. 저도 심사원으로 참가했는데 젊고 프레시한 맛이었습니다.

**압도적인 존재감을 표출하는 인도도 향후 위스키 산지로 기대가 큽니다.** 왜냐하면 '세계 5대 위스키' 중 전 세계 위스키 소비량 베스트 10에 들어가는 것은 스카치위스키인 조니워커, 아메리칸 위스키인 잭다니엘, 짐빔 세 가지뿐이며, 나머지 일곱 가지는 전부 인도위스키입니다.

인도의 인구는 약 14억 명으로 술을 자주 마신다는 것도 있지만 외국 술에 대해서는 관세가 높기 때문에 자국산 위스키의 인기가 높은 것 같습니다. 인도 위스키는 세계적인 위스키 규정으로 볼 때 순수한 위스키라고 할 수 없는 것(리큐어)도 있습니다. 그런 경우는 보통 두줄보리 맥아를 사용하고 있지만 폴존증류소에서 만들어지고 있는 위스키는 인도산 여섯줄보리 맥아를 사용하고 있습니다. 그래서 전체적으로 품질이 점점 좋아지고 있어 앞으로도 눈을 뗄 수 없는 산지라 여겨집니다.

**인구가 많은 것으로 말하자면 중국이라는 존재도 있습니다. 근래 대기업의 위스키 증류소가 가동을 시작하는 등 많은 증류소가 건설 중이라는 정보도 있습니다. 분명 기술력이 높기 때문에 어떤 위스키가 만들어질지 기대가 큽니다. 그 외 핀란드 등 북유럽도 새로운 위스키 제조가 활발하며 향후 유럽 전체의 증류소 가동도 기대가 됩니다.**

## 스코틀랜드의 전통 요리

**스카치위스키가 좋아지면 전통 요리의 포로가?**

스코틀랜드 전통 요리에 '하기스'라는 것이 있습니다. 양 위장에 갈은 양 내장, 양파, 오트밀, 허브 등을 넣어서 삶은 것을 말합니다. 처음 먹었을 때는 뭐라 형언할 수 없는 이상한 맛이었습니다. 그러나 음식을 가리지 않는 나는 금방 포로가 되었습니다. 스코틀랜드에서 1월 25일은 '번즈 나이트'라고 해서 스코틀랜드의 국민 시인 로버트 번즈의 탄생을 축하하며 하기스를 위스키와 함께 먹습니다. 실은 평상시에도 많이 먹습니다. 일본에서도 근래 위스키 인기가 높아지는 덕분에 이 행사를 여는 바도 많고, 최근에는 각자 독자적인 레시피로 하기스를 만들고 있는 경우도 많습니다.

그리고 뭐니 뭐니 해도 볼륨 만점인 것은 풀 브렉퍼스트. 영국에서는 조식 주문할 때 보통 메뉴를 보여 주면서 '무엇으로 하시겠습니까?'라고 묻는데 '전부(full)'라고 답하면 소시지, 계란, 빵, 베이컨 등이 나옵니다. 스코틀랜드식 '전부'라고 하면 그야말로 충분한 아침 식사로 고칼로리의 음식이 나옵니다. 위에서 말한 것에 추가해서 키퍼(훈제 청어)나 해덕(훈제 대구) 같은 훈제 생선이나 콩, 토마토 등이 나옵니다(당연히 가게에 따라서 차이는 있습니다만).

또 뭐라 말로 표현할 수 없는 맛이 나는 '블랙푸딩'. 보기에는 새까만 소세

지를 엷게 썰어 놓은 것처럼 보이지만 사실은 고기가 들어가지 않은 요리입니다. 무엇으로 만들어진 것인가 하면 돼지 피와 기름, 오트밀 등입니다. 이 또한 익숙해지면 은근히 맛있습니다. 보기에는 하기스와 닮았지만 맛은 확실히 다릅니다. 아무것도 모르고 먹으면 의외로 맛있을 것입니다. 레시피를 보면 좀 꺼리는 분도 있을지 모르겠네요(웃음). 하기스를 조식으로 먹기도 하지만 대체로 조식은 블랙푸딩, 석식은 하기스라는 이미지가 있습니다.

스프도 맛있습니다. 어디를 가도 가게마다 오리지널 레시피로 만들고 있기 때문에 매번 주문해도 싫증나지 않습니다. 그리고 어디서 먹어도 농후합니다. 물론 빵이 함께 나오고 1인분의 양이 많기 때문에 신중하게 주문하지 않으면 메인 요리까지 도달하지 못할 가능성도 있습니다. 일본에서도 이 요리들을 먹을 수 있는 곳이 있으니 기회가 된다면 꼭 여러분도 드셔 보시기 바랍니다. 아, 물론 위스키도 함께 드시는 겁니다.

증류소에 가 보시죠

갑작스럽지만 오늘은

산토리 야마자키 증류소에 와 있습니다.

짜~안

어찌 된 일이냐 하면

일본 각지에 이렇게 많은 증류소가 있네. 언젠가 보러 가고 싶다~.

실제로 와 보는 것이 최고랍니다.

바로 견학부터 하시죠.

사사키 씨!

그래서 이렇게 찾아오게 된 거예요.

그럼 제가 야마자키 증류소를 안내하겠습니다!

이쪽은 당화조 라고 해서 맥아를 온수에 담궈서 전분을 당으로 변화시키는 작업을 합니다.

우와 엄청 달콤한 냄새가 나네!

흠흠

우선은 당화·발효실 부터

⑤ AUDIO GUIDE

仕込·発酵室
Mash House & Fermentation Room

풍풍

보글보글

내부는 프로펠러를 돌려서 거품을 잠재웁니다. 그렇게 하지 않으면 뚜껑이 날아 갈 정도로 거품이 넘쳐 흐릅니다.

나무통에서 발효시킨 원주와 스테인리스통에서 발효시킨 원주는 맛의 차이가 있기 때문에 분별해서 사용합니다.

이쪽은 발효조 입니다.

와~
증기가
대단해요!

이이시
증류실
입니다.

반짝반짝
아름다워요!

이것은
포트스틸
(단식 증류기)
이라고 하는데
동으로 만든
증류솥입니다.

야마자키에는
16기의
포트스틸이
있는데 모양이
모두 다릅니다.

여러 가지
형태가
있답니다.

모양이
눈사람
같아요!

포트스틸에는 작은 창이 있어서 내부를 들여다볼 수 있어요.

이런 식으로 되어 있구나~

우와 정말이네요. 안에서 엄청 파도치네요!

이것은 스피리트 세이프라는 것으로 막 증류된 뉴포트의 알코올 농도를 측정하고 검사하는 것입니다. 세이프(금고)라는 이름처럼 열쇠가 달려 있어요.

여기 열쇠가 달려 있어요!

사사키 씨 이건 뭔가요?

다음은 저장고 입니다.

통이 엄청나게 많다!

실은 위스키가 반도 안 찬 통도 있답니다. 위스키는 통 안에서 숙성되는 동안 조금씩 증발합니다.

십수년 후

수년 후

반씩이나!?

이 안에 위스키가 가득가득 들어 있는 건가?

옛날 장인들은 '분명 천사가 몰래 마셨을 거야'라고 생각했다는 것이죠.

Angel's Share

낭만적이네요.

이렇게 증발한 원주를 '천사의 몫'이라고 합니다.

그 정도로 오래된 통이지만 만드는 방법은 지금과 같답니다.

이 저장고에는 야마자키증류소에서 최초로 만든 1924년 오크통이 보관되어 있습니다.

어머 그렇게 오래된 통이!

저장고에서는 역사와 낭만을 느낄 수 있었어요!

대만쪽이에요!

YAMAZAKI DISTILLERY SINCE 19__

어땠어요?

커다랗고 반짝거리는 포트스틸에 감동했어요~

견학은 이상으로 마칩니다.

만드는 걸 보고 마시니 새로운 발견이 있네요!

이 한 잔에 그 많은 시간과 고집이…!

마지막은 기대하시던 테이스팅 카운터에서 마음껏 즐깁시다!

# 증류소의 입지

**환경이 다른 증류소의 입지가 위스키의 개성을 결정한다**

'세계 5대 위스키' 산지는 물론이고 세계로 눈을 돌려보면 그 토지의 특성을 살린 장소에 증류소가 세워져 있는 것을 알 수 있습니다. 그 장소의 풍토나 수질 등이 개성 있는 위스키 제조에 빠질 수 없는 조건입니다.

일본에서 처음으로 본격적인 몰트위스키 제조를 위해서 세워진 것이 산토리의 야마자키증류소입니다. 교토에서 가까운 천왕산 줄기의 산기슭에 오사카부 시마모토라는 마을에 있습니다. 여러 방향에서 흘러 들어오는 가쓰라강, 우지강, 기즈강 이렇게 세 강이 합류하여 요도강으로 연결되는 곳에 위치하고 있습니다. 그 옛날 명승 센노 리큐가 차를 만들 때 사용한 물이라고 할 정도로 유명한 토지이며 '일본의 명수 100선'에도 선정된 물이 있습니다.

야마자키증류소는 1923년에 문을 열어 이듬해 본격적인 위스키 제조를 시작했습니다. 이곳이야말로 일본 위스키가 첫 삽을 뜬 기념비적 장소인 것입니다. 당시 아무것도 없던 산간에 돌연히 세워진 킬른(맥아건조탑)은 압권이었을 것입니다. 일본 위스키 문화 100년의 역사가 여기서 시작되었다고 할 수 있습니다.

무엇보다 그곳이 선정된 것은 위스키 제조에 없어서는 안 될 양질의 물이 풍부했다는 것. 그리고 그 지역은 안개가 자주 낄 정도로 온난하고 습윤한 장소로 숙성에 적합했던 점도 크게 작용했습니다. 게다가 오사카 중심부 등 대도시와의 교통이 좋은 것도 이유였습니다. 산토리 창업자이자 초대 마스터 블렌더인 도리 신지로는 위스키 제조용 토지 그 자체의 잠재력과는 별도로, 하천으로 인한 물류의 편리성과 비지니스상의 전망도 치밀하게 계산했다고 봅니다.

그 후 1960년대~1970년대까지 일본은 위스키 수요가 급증하여, 생산자는 시대의 요청에 부합하기 위해 거듭 신제품을 출시하지 않으면 안 되는 시대였습니다. 그래서 야마자키증류소가 50년째 되던 해인 1973년 야마나시현 호쿠토시 하쿠슈의 광대한 삼림 속에 하쿠슈증류소를 건설하였습니다. 그곳은 표고 700m의 냉랭한 기후와 일본 남알프스의 화강암층을 걸쳐 나온 우수한 수질을 보유하여 야마자키증류소와는 다른 환경이었습니다. 즉 야마자키증류소와

늘 디입이 나는 원수가 만들어지고 있습니다. **다른 개성을 추구한 결과, 하쿠슈라는 토지에 이르렀다고 생각합니다.** 발효조는 나무통만을 사용하고, 피트 맥아를 혼합하기도 해서 경쾌한 풍미와 약간의 피트향이 특징인 하쿠슈가 만들어질 수 있었습니다.

또한 1972년 아이치현에 건설한 지타증류소가 있습니다. 높이 30m 가까운 거대한 연속식 증류소에서는 헤비, 미디엄, 클린 이렇게 세 가지의 그레인위스키 원주를 분리 제조하고 있습니다. 이것은 블렌디드 위스키에서 **빼놓을 수 없는** 요소입니다. 2015년에는 경쾌한 싱글 몰트 위스키 지타를 세상에 선보였습니다. 지타반도는 일본 물류망 중앙에 위치하며 인근에는 전국 농협의 곡물 보관 거점도 있기 때문에 해외에서 옥수수나 곡물을 쉽게 조달할 수 있다는 장점이 있습니다. 물론 맥아도 수입하고 있습니다. 지타는 일본에서 가장 효율적으로 위스키를 만들 수 있는 현대적인 증류소라고 이야기할 수 있습니다.

# 증류소가 있는 토지 자체가
# 위스키의 개성으로

짙은 안개가
잦은 환경

## 야마자키증류소(오사카)

1923년 건설 시작, 이듬해 본격적으로
위스키 제조가 시작되었다. '일본의
명수100선'에도 올라가 있는 토지.

## 하쿠슈증류소(야마나시)

1973년 호쿠토시 하쿠슈 마을의
광대한 삼림 속에 준공. 표고 700m의
차고 시원한 기후와 깨끗한 물에
둘러싸인 토지.

## 지타증류소(아이치)

1972년에 건설. 지타반도는 일본
물류망의 중앙. 인근에 전국 농협의
곡물 보관 거점이 있어서 해외로부터
곡물을 쉽게 조달할 수 있다.

# 위스키가 되기까지(당화~발효)

## 미생물들이 엮는 신비한 세계

그렇다면 위스키가 어떤 프로세스로 만들어지는지 상세하게 설명하겠습니다.

우선 몰트위스키 제조는 보리를 발아시키는 것에서 시작됩니다. 곡물은 그 상태로는 알코올 발효가 되지 않기 때문에 당화시킬 필요가 있습니다. 알코올 발효에는 '당화'가 필요한 것입니다. 그 당화의 전 단계로서 보리를 발아시키는데, 발아된 것을 몰트(보리맥아)라고 하며 이 몰트를 만드는 작업을 몰팅(제맥)이라 부릅니다.

몰팅은 보리를 물에 담궜다가 물을 빼는 공정을 거쳐서 발아를 촉진시킵니다. 보리에 포함된 수분량이 발아 준비가 될 정도(일반적으로 45% 정도)가 되면 작은 눈이 나옵니다(실제로는 곡물 안에서 발아). 적정 온도(12~18℃)를 유지하고 산소를 공급하면서 발아를 촉진합니다. 지금은 대부분의 증류소가 몰트스타라고 불리는 맥아 제조회사에서 맥아를 구입하고 있으며 그 맥아는 기계로 만들고 있습니다. 하지만 지금도 바닥에 보리를 펼쳐 놓고 수시간마다 뒤집어 섞는 플로어 몰팅(p.109)이라는 전통적 방법을 고수하고 있는 증류소도 있습니다. 어느 정도 발아가 되면 킬른으로 옮겨서 단번에 건조시킵니다(또는 드럼이라는 기계에 넣습니다). 발아가 과하면 그 이후의 공정에 악영향을 미치기 때문입니다. 건조에 사용하는 연료는 가스가 일반적이지만 이때 피트를 첨가하면 발아에 스모키한 향이 추가됩니다.

**완성된 몰트는 당화(매싱)라는 공정으로 넘겨집니다. 보리의 전분을 당으로 바꿔서 발효에 필요한 맥아즙(워트)을 뽑아 냅니다.** 몰트를 분쇄해서 온수와 섞어서 죽처럼 되면 매시라고 합니다. 이 공정에서 보리의 전분은 당이 되고 단백질은 아미노산으로 분해되어 갑니다. 아미노산이 이후 위스키의 풍미에 크게 영향을 미치는 중요한 요소가 됩니다.

이제 매시를 슬레이트 모양의 판으로 걸러서 맥아즙을 채취합니다. 일반적으로 1차 맥아즙, 2차 맥아즙까지를 위스키 제조에 사용하며 남은 매시는 다음 당화에 2차로 이용하든가, 건조시켜서 가축용 사료로 가공해서 쓰기 때문에 마지막까지 버릴 것이 없습니다.

메이즙 유출을 끝내면 발효 공정으로 이동합니다. 유출된 맥아즙을 냉각시켜 발효조에 옮기고 효모를 첨가합니다. 발효가 시작되면 효모가 점점 당을 먹고 증식해 가는데, 10~30시간이 알코올 생성의 최성기입니다. 발효 최고 온도가 32~33℃가 되도록 조정합니다. 40시간 정도에서 효모의 알코올 발효는 종료합니다. 50~70시간은 다른 미생물이 활약하며 발효를 통해서 풍부한 향이 만들어지고 발효는 종료합니다. 이렇게 해서 알코올 도수 7~10%의 거르지 않은 모로미(워시)가 만들어지는 것입니다.

발효 공정에서는 위스키의 풍미를 결정하는 중요한 성분이 생성됩니다. 또한 발효조 재질에 따라서도 풍미가 변합니다. 전통적인 목재통과 스테인리스통을 사용해서 발효 단계에서도 원주의 분리 제조를 하고 있답니다.

이런 초기 단계에서의 공정에 따라 위스키의 개성이 크게 결정된다는 것, 신비롭고 재미있는 세계이기도 합니다.

# 분쇄한 맥아를 당화시키면
# 발효로 알코올이 생성된다

보리　침맥　발아　건조　제근 (뿌리 제거)

### 제맥(몰팅)

몰트위스키 원료는 물과 보리.
엄선된 두줄보리를 발아,
건조시켜 맥아를 만든다.

> 건조 시에 피트를 태워 연기를
> 피우면 스모키 플레버가 된다.

### 당화·여과(매싱)

제맥한 맥아를 잘게 부숴서
양조용수와 함께 당화조에.
효소의 작용으로 전분이 당으로
분해된 후 천천히 여과시켜서
맥아즙을 만든다.

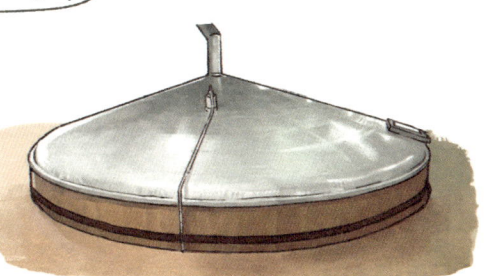

> '목통 발효조'와 '스테인리스
> 발효조'를 분별해서 사용

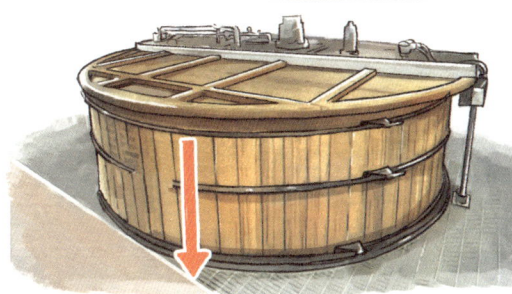

### 발효(퍼멘테이션)

여과시킨 맥아즙을 발효조에
옮겨 효모를 첨가한다. 효모가
맥아즙의 당을 분해하고 알코올과
탄산가스로 변해서 모로미(거르지
않은 걸죽한 술)가 만들어진다.

# 위스키가 되기까지(증류)

**알코올을 먼저 기화시킨 다음 냉각해서 추출한다**

발효 공정에서 만들어진 모로미의 알코올을 분리한 뒤 응축시켜서 알코올 도수를 더욱 높여 가는 것이 증류라는 공정입니다. 물은 끓는점이 100℃이고 알코올은 78.3℃로 차이가 나는 성질을 이용하여, 거르지 않은 상태에서 알코올을 먼저 기화시키고 그 기체를 냉각해서 높은 도수의 알코올을 추출하는 구조입니다.

**증류에는 단식 증류기 또는 연속식 증류기를 사용합니다. 단식 증류기는 꺾어진 대형 구리솥이며 포트스틸이라고 합니다. 구리는 복잡한 가공도 하기 쉽고 무엇보다 열 전도율이 좋습니다.** 그래서 대부분의 포트스틸은 구리 재질입니다(다른 재질도 있습니다). 또 구리 성분이기 때문에 다양한 향미 성분이 형성되며 게다가 알코올 증기 중에 포함되는 유황화합물과 반응해서 불쾌한 향미 성분을 제거, 분리하는 것으로도 알려져 있습니다.

　이 포트스틸에도 다양한 형상이 있는데 그 형태가 위스키 맛에 큰 영향을 미칩니다. 야마자키증류소에서는 벌지형, 스트레이트형을 사용하고 있지만, 세계에는 독특한 모양의 포트스틸을 사용하는 곳도 있습니다. 이 포트스틸의 형태를 여러 증류소에서 보는 것도 위스키 팬에게는 참을 수 없이 설레는 순간입니다.

　저는 스코틀랜드나 아일랜드에서 많은 증류소를 방문했으며 그곳에서 수많은 형태의 포트스틸과 만났습니다. **왜 이런 형태를 하고 있는지를 현지 증류소 분들에게 물으면, 예외없이 '최고의 위스키를 만드는 것은 이 형태다!'라고 자랑합니다(웃음). 어느 증류소도 자신들의 포트스틸이 제일이라고 생각하고 있답니다.**

　스트레이트형의 특징은 포트스틸의 바디에 휘발 성분을 막는 것이 아무것도 없기 때문에 성분을 그대로 앞쪽 라인암으로 보낼 수 있습니다. 그렇기 때문에 강력하고 중후한 성격의 테이스트가 됩니다. 벌지형이나 랜턴형은 그림(p.219)을 보면 알 수 있듯이 목에서 바디에 걸쳐서 잘록한 부분이 있기 때문에 휘발하기 어려운 성분이 포트스틸 속에서 환류함으로써 스트레이트형에 비해서 경쾌한 맛이 나게 된다고 알려져 있답니다.

포트스틸은 1회마다 모로미를 넣고 증류해 가는 방법으로, 주로 몰트위스키 원주나 아이리시의 포트스틸 위스키 원주에 사용됩니다. 후술할 그레인위스키보다 개성이 강해서 싱글 몰트 위스키의 원주가 되는 것입니다. 그리고 스카치위스키는 2회 증류가 기본이며 1회를 초류, 2회째를 재류라고 합니다. 최근에는 개성을 내기 위해서 4회 증류하는 증류소도 있습니다.

포트스틸 상부의 스완넥부터 라인암을 거쳐서 콘덴서라고 불리는 냉각장치에 휘발 성분을 보내서 일단 기화시킨 알코올을 다시 액화시킵니다. 알코올 증기를 냉각시키는 방법도 몇 가지가 있는데 그 방법에 따라서도 원주의 개성은 변하기 때문에 아주 미세한 공정이라고 할 수 있습니다. 재류를 거쳐서 유출한 무색투명한 증류액은 뉴포트라고 합니다. 말하자면 위스키의 골격입니다. 그러나 알코올 도수는 65~70%나 된답니다.

연속식 증류기는 모로미를 연속적으로 투입해서 증류한 후 단번에 94% 가까이까지 알코올 도수를 높일 수가 있기 때문에 시간적으로는 효율이 좋다고 할 수 있습니다. 그레인위스키는 대부분 이 제조법으로 만들어집니다.

# 알코올과 물의 끓는점 차이를 이용한 증류의 공정

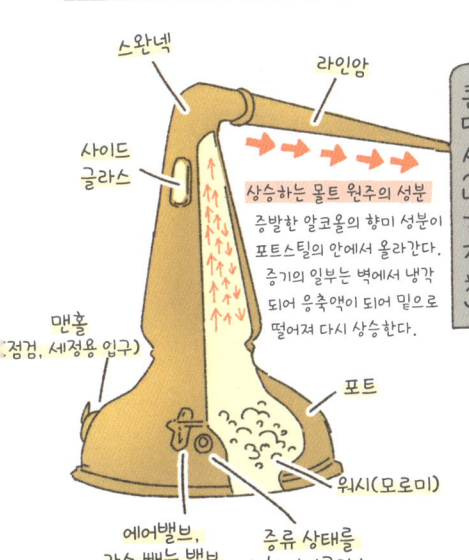

스완넥

라인암

사이드 글라스

콘덴서 (냉각장치)

상승하는 몰트 원주의 성분
증발한 알코올의 향미 성분이 포트스틸의 안에서 올라간다. 증기의 일부는 벽에서 냉각되어 응축액이 되어 밑으로 떨어져 다시 상승한다.

맨홀 (점검, 세정용 입구)

포트

워시(모로미)

에어밸브, 가스 빼는 밸브

증류 상태를 보는 아이글라스

## 증류(디스틸레이션)

발효에 의해서 생긴 모로미를 포트스틸이라는 증류솥에서 2회 증류(초류, 재류)해서 알코올 농도가 높은 '뉴포트'를 만들어 낸다.

포트스틸의 형상은 술의 질에 크게 관여한다.

벌지형    스트레이트형    랜턴형

# 위스키가 되기까지(저장~숙성)

**오랜 시간이 걸려서 무색투명한 뉴포트는 호박색으로 변한다**

갓 증류한 뉴포트는 아직 무색 투명하며 자극이 강하고 거친 액체. 이 뉴포트를 오크통 속에서 장시간 천천히 잠재우는 공정을 저장이라고 하며, 위스키 제조는 여기서부터 수년에서 수십 년…이라는 긴 여정이 됩니다.

일반적으로 알코올 도수 65~70%의 뉴포트에 물을 더해서 도수를 조정한 후 숙성통에 담습니다. 그런 다음 통은 저장고에 옮기는데 여러분이 영상으로 자주 보는 위스키통이 가득한 증류소의 광경이 바로 이것이랍니다.

저장고에서 오랜 시간 숙성시키면 거친 뉴포트의 향미는 더 향기롭고 진해져서 부드러워집니다. 색도 점점 오크통의 성분이 옮겨져서 호박색이 되어 갑니다.

숙성통은 영어로 캐스크라고 합니다. 숙성통 재료에는 액체가 잘 새지 않는 오크 목재가 많이 쓰입니다(말하자면 도토리가 떨어지는 나무입니다). 오크에는 위스키 숙성에 불가결한 성분이 포함되어 있어서 갓 나온 뉴포트 성분과 상호 작용하여 깊고 복잡한 향미로 키워 갑니다.

장기간 오크통에 담아 둠으로써 증류 직후의 미숙한 성분이 제거되고 품위 있는 주질로 변화해 갑니다. 또한 오크통의 목재에서도 향미 성분인 바닐린과 탄닌, 색소 성분이 녹아내려서 다양한 풍미와 색이 첨가되어 갑니다. 알코올 성분과 물의 성분이 회합해서 보다 원숙한 맛으로 변해 갑니다.

게다가 오크통 목재 자체도 호흡을 하고 있기 때문에 여름에는 팽창하고 겨울에는 수축합니다. 내부의 위스키 성분을 증발시킴과 동시에 주위 공기를 흡입하는 등 다양한 요인이 상호 영향을 줌으로써 복잡하고 중후한 플레버를 만들어서 방순하고 매혹적이며 깊은 호박색을 띤 위스키로 길러진답니다.

**또한 증발해서 없어지는 양을 '천사의 몫'이라고 부르는데 일본에서는 연간 2~4% 증발합니다.** 물론 덥고 습도가 높은 곳에서는 천사의 몫도 증가합니다. 위스키 세계에서는 천사가 더운 곳을 좋아하나 봅니다(웃음).

저장고 안에서도 두는 장소에 따라 미묘하게 숙성도에 차이가 나기 때문에 가끔 두는 장소를 로테이션하기도 합니다. 또한 야마자키증류소의 오크통을 하쿠슈증류소에 가져가서 숙성시켜도 같은 맛은 나지 않습니다. 뉴포트의 완성도와 수질, 숙성 단계의 주위 환경, 저장한 곳의 풍토 등 모든 요소가 서로 영향을 주며 위스키의 개성을 정해 가기 때문입니다.

모든 오크통은 증류 장소, 관리번호, 증류한 연월 등이 데이터화되어 있고, 블렌더(p.224)는 매일 오크통의 상황을 체크하고 있습니다. 위스키 원주의 육성 정도와 숙성 정도를 항상 확인해서 위스키 블렌드를 위한 기초 자료를 꾸준히 기록해 가는 것이랍니다. 아직까지 이런 숙성 메커니즘에 대해서는 모르는 부분도 많지만, 위스키 제조에서 오랜 기간 반복한 시행착오의 결과로 숙성을 관리할 수 있게 된 것입니다.

# 뉴포트를 오크통 안에서 장기간 묵힌다

## 숙성(매츄레이션)

갓 증류시킨 뉴포트를 오크통에 담아서 장기간 천천히 묵혀서 숙성 시기를 기다린다. 같은 뉴포트라도 담은 오크통의 크기, 형상, 재질, 저장고 안의 보관 위치 등으로 인해 향미는 복잡하게 변해 간다.

증류소명 ── 관리번호

WHISKY DISTILLERY
№ 2 L S 4 S S
POT STILL
PURE MALT WHISKY
1992
YAMAZAKI

숙성시킨 연수

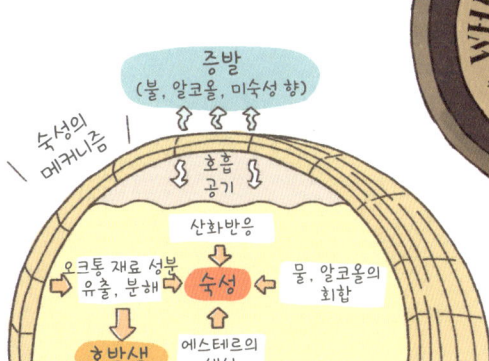

숙성의 메커니즘

증발
(불, 알코올, 미숙성 향)

호흡
공기

산화반응

오크통 재료 성분 유출, 분해 ── 숙성 ── 물, 알코올의 회합

호박색

에스테르의 생성

# 위스키가 되기까지(블렌드~병입)

## 위스키는 블렌더의 기술에 의해 완성되어 간다

오크통에서 숙성된 위스키 원주는 맥아나 그레인의 종류, 효모의 종류, 증류 방법, 오크통의 종류, 저장 장소, 저장 연수 등의 차이에 의해 다종다양하게 완성됩니다. 그것들을 조합하고 조절함으로써 마침내 제품화되는데, 그 원주를 관리하고 블렌드하는 것이 '블렌더'이며 각 브랜드의 콘셉트에 맞춘 제품으로 완성시켜 가는 중요한 공정을 맡고 있습니다.

블렌디드 위스키라면 개성이 강한 몰트위스키 원주와 개성이 온화한 그레인위스키 원주를 블렌드하기 때문에 블렌더의 역할을 연상하기 쉬울지도 모릅니다. **블렌드 작업은 블렌더에게 대단히 중요한 일입니다. 그러나 그것뿐만은 아닙니다. 저장고에는 막대한 수의 오크통이 잠들어 있고 그 개개의 오크통에 저장되어 있는 위스키 원주가 어떻게 숙성되어 가는지를 확인하는 작업도 역시 중요합니다.**

하루에 수백 종류의 위스키 원주를 테이스팅하고, 각 오크통의 최적 숙성도를 파악하고, 신제품이 있으면 적절한 블렌드 방향을 생각하고, 기성품은 치우침 없이 개성을 유지할 수 있게 하는 아주 어렵고 인내가 필요한 일이기도 합니다. 오크통에 저장된 원주의 향미에도 차이가 있기 때문에 위스키 제품의 배합은 항상 일정하지 않을 뿐 아니라 레시피도 항상 변화를 지속하는 것입니다.

**그리고 블렌더의 크나큰 역할로는 장래의 위스키 원주 준비가 있습니다.** 장래(수십 년 후까지) 판매에 사용할 위스키 원주로서 어떤 타입을 어느 정도 준비할 것인가를 계획하는 것입니다. 시장의 단기적인 추이나 유행만이 아니라 위스키의 보편적인 맛, 기호성도 가미해서 설계하고 있습니다. 그런 블렌더의 계획은 현장에 전해져서 장인들은 블렌더가 필요하다고 하는 타입의 뉴포트를 만들고 블렌더가 요구하는 오크통에 담는 것입니다.

블렌더는 자주 오케스트라의 지휘자에 비유되곤 합니다. 또한 블렌더는 처음부터 후각이 뛰어난 것이 아니라 훈련의 선물입니다. 위스키의 특징을 파악하는 실력은 물론이고, 위스키를 블렌드하는 기술뿐만 아니라 개성 있는 상상력과 전체를 조합시키는 실력도 요구됩니다.

다음으로 블렌드가 끝나면 후열이라는 공정이 기다립니다. 플레버가 없는 통 속에 블렌드한 위스키를 넣고 수개월 동안 원주끼리 어울리게 하여 위스키의 향미를 안정시킵니다. 그 후 후열통에서 꺼내어 냉각 여과(칠 필터링)를 해서 불순물을 전부 제거합니다. 그리고 가수해서 알코올 도수를 최종 조정(40~43%)한 후 병입하는 작업(보틀링)에 들어갑니다. 가수하지 않은 채 병입하는 제품도 있는데 그것은 캐스크 스트렝스(오크통에서 꺼낸 원주)라고 구분하고 있습니다. 최근에는 이 캐스크 스트렝스도 인기를 모으기 시작했습니다.

**위스키는 외관도 개성을 다투는 부분입니다.** 미적 감각을 응축한 디자인의 병을 세심하게 만들어 냅니다. 주의를 기울여 만든 위스키 병은 상품 라벨을 붙이고 드디어 출하할 때를 맞이합니다. 산토리에서는 라벨 붙이는 방법에도 엄격한 기준을 두고 있습니다. 밀리미터 단위로 붙일 장소가 정해져 있는 것 외에도 비뚤어지지 않아야 하는 등 모든 병의 라벨 위치가 같도록 출하 준비를 합니다.

# 다채로운 원주를 관리하고 복잡하게 조합하는 블렌더

## 산토리 5대 치프 블렌더 후쿠요 신지

1984년 입사. 1996년에 영국으로. 헤리엇와트 대학에 주재, 모리슨 보모어 디스틸러스에 출장 근무 후, 2002년 귀국. 2009년에 치프 블렌더에 취임.

## 블렌딩

블렌더는 하루에 100종류 이상의 원주를 테이스팅하며, 100만 통 넘는 원주 상태를 파악해서 피크가 언제인지를 예측하고 미래에 어떤 원주가 필요할지를 판단한다.

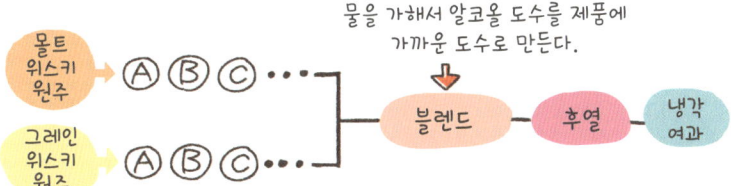

물을 가해서 알코올 도수를 제품에 가까운 도수로 만든다.

몰트 위스키 원주 → Ⓐ Ⓑ Ⓒ ···

그레인 위스키 원주 → Ⓐ Ⓑ Ⓒ ···

→ 블렌드 — 후열 — 냉각 여과

# 스코틀랜드 증류소 기행

좀처럼 스코틀랜드를 방문하지 못하는 나날들이었지만 2022년 11월에 방문할 수 있었습니다! 오랜만에 한 방문이었기 때문에 현지에서의 최신 정보를 포함해서 스코틀랜드에서의 며칠을 리포트하겠습니다.

## 글렌피딕증류소에서 스카치 싱글 몰트의 진수를 보다

2022년 11월 런던 히드로공항을 경유해서 스코틀랜드 애버딘에 도착. 자동차로 스페이사이드 크라이겔라키에 들어간다. 이곳을 기점으로 엘긴, 더프타운 등을 돌아보는 위스키 팬이 많다.

첫날 방문한 곳은 우선 더글렌리벳증류소. 새로운 제3 증류동이 세워져 있었다. 스페이강 유역의 증류소를 돌아 맥캘란으로. 이번 방문에서는 조금 수리되어 2층 테이스팅 카운터 부분이 완전한 럭셔리 바로 변한 것을 볼 수 있었다. 신 증류동 밖에 맥캘란의 상징인 이스터 엘키스 하우스가 있는 것을 보고 조금 안심했다. 구증류동은 사용하지 않는지 한산해 보였다.

크라이겔라키호텔에 돌아와 오랜만에 바 하이랜더인으로. 이곳은 예전과 전혀 바뀌지 않았고 손님으로 만석이었다. 언제 와도 이곳에는 보틀의 종류가 상당하다.

다음 날은 크라이겔라키증류소, 스페이사이드 쿠퍼리지를 곁눈으로 보면서 북쪽으로 키스, 엘긴을 돌아본다. 오후에는 드디어 전 세계에서 사랑받는 싱글 몰트 위스키를 만드는 글렌피딕증류소로. 놀란 것은 증류동을 한꺼번에 집약해서 40여 개의 포트스틸을 설치한 신 증류동의 장대함이다. 말 그대로 압권! 스카치 싱글 몰트의 진수를 보고자 한다면 역시 이곳이다. 이 증류소는 아주 관리가 잘 되어 있어서 경관이 아름답다.

## 그리고 아일라섬으로

상공에서 내려다보는 저장고는 한번 볼 만한 가치가 있다

이틀 후 아일라섬으로 건너가는데 이번에는 페리를 선택. 도중 오반이라는 곳에서 1박 하면서 오반증류소를 방문하고, 오후에 남쪽으로 캠벨타운까지 가서 스프링뱅크증류소도 방문. 스프링뱅크는 고전적인 위스키 만들기에 대해 설명해 줘서 상당히 좋은 체험이 되었다.

그리고 다음 날 아일라섬으로. 아일라섬으로 건너가는 교통수단에는 비행기와 페리 두 가지가 있다. 비행기를 타면 오켄토션증류소 등이 있는 로우랜드도 눈으로 시찰할 수 있다. 또 아일라섬 도착 전에 상공에서 내려다보는 저장고는 일견의 가치가 있다. 페리는 날씨만 좋으면 그보다 더

1. 스페이사이드의 성지 크라이겔라키호텔
2. 맥캘란 '이스터 엘키스 하우스'와 벤틀리
3. 페리에서 바라보는 주라섬, 아일라섬으로 향하는 저자
4. 글렌피딕의 포트스틸(안쪽 끝에서 왼쪽으로 10여 기가 더 있다…)

좋은 경치는 없다. 오른쪽에 주라섬을 보면서 서서히 다가오는 아일라섬을 바라보면 이제부터 상륙한다는 흥분을 감출 수가 없다.

이렇게 구름이 없는 아일라섬은 처음이다. 아무튼 스코틀랜드는 날씨 변화가 심한 곳이다. 게다가 바람도 강하다. 이 바람이 죽은 식물 등을 옮겨서 피트가 된다고 생각하면 '자연이 낳은 진정한 위스키의 성지'라는 말도 납득이 간다.

아일라섬 포트엘런항에 도착했다. 위스키 팬이라면 누구나 알고 있는 이름이다. 포트엘런증류소는 1983년 폐쇄되었다가 드디어 부활한다. 이미 포트스틸이 들어와 있고 2024년에는 가동할 것 같다. 그곳에서 조금 북상하면 왼쪽에 인달만이 보이기 시작한다. 그리고 보모어 거리로 들어서서 오른편의 라운드 처치를 보면서 좌회전하면 '그' 유명한 보모어증류소 메인스트리트다.

역시 보모어는 언제 와도 아름다운 인달만을 내려다보며 테이스팅할 수 있어서 좋다

보모어증류소에 도착해서 투어에 참가. 역시 언제 와도 보모어는 아름답다. 위스키가 좋아지면 질수록 증류소 외관은 이것저것 논하는 포인트가 된다. 특히 보모어는 한 번쯤 본 적 있는 '방파제에서 본 경관'으로 유명하다. 정면의 비지터센터를 돌아 계단을 올라가면 인달만을 한눈에 볼 수 있는데 그곳에서 테이스팅을 할 수 있는 구조. 보모어는 플로어 몰팅을 하고 있어서 투어에서는 실제 몰팅용 플로어도 보여 준다.

그리고 이 증류소에 올 때는 꼭 보모어 거리의 숙소에서 숙박해야만 한다. 이번에 숙박한 곳은 로크사이드호텔. 전에도 한 번 숙박한 적이 있는데 작고 아담해서 편안하다. 이런 호텔에는 대개 큰 바가 있다. 그래서 위스키를 마시기에는 불편하지 않다.

오후에는 저녁까지 인달만을 돌며 브룩라디증류소, 킬호만증류소에 들른 다. 숍이 매우 많다. 증류소 순례를 하는 사람들 외에도 많은 지역 사람들 이 식사를 위해 방문한다. 아일라섬은 어디를 가도 경관이 장관이다. 특히 섬 북동부 해안에서 바라보는 주라섬은 정말 아름답다. 스코틀랜드의 섬 들은 대부분 깎아 놓은 듯한 절벽이 많다. 이 또한 스코틀랜드의 절경을 특징지어 주는 하나의 이유라고 본다.

이 날은 호텔에서 식사를 했는데 스코클랜드 요리는 양이 많다. 메뉴에는 반드시 스타터와 메인이 있으며 그 전에 스프를 주문하면 스프와 빵으로 배가 불러서 더 이상 못 먹는 경우도 있다. 스코틀랜드는 스프가 유명하 며 레스토랑마다 독특한 레시피가 있다. 메인 요리에는 감자 한가득에 채 소가 곁들여 나오기 때문에 이것도 대부분 다 못 먹고 남기게 된다.

5. 아일라섬의 아름다운 석양. 아드 벡증류소에서 라가불린증류소로
6. 보모어 절벽에서 '스패니시 오크 통 원주'와 '화이트 오크통 원주'를

## 코지막 위스키 세소 방식 플로어 몰팅에 압도당하다

나음 날은 보모어를 떠나 다시 남쪽의 라프로익으로. 그 주변의 증류소는 라프로익, 라가불린, 아드벡 등 걸어서 갈 수 있는 거리에 있다. 라프로익은 보모어에 비해 규모는 작지만 이곳 역시 플로어 몰팅이 압권이다. 옛날 위스키는 전부 이 방식으로 만들어졌다.

오후에는 쿨일라, 아드나호, 부나하벤 등의 증류소를 방문했다. 쿨일라는 비지터센터를 새단장했다. 옛날에는 해안에 주차장이 있어서 아래쪽에서 비지터센터로 갈수 있었다. 지금은 조금 높은 언덕 위에 주차장이 있어서 반대로 계단을 내려오는 구조. 정원으로 나오면 스트라이딩맨이 마중해준다. 옛날 쿨일라와는 상당히 다르지만 쾌적해졌고 테이스팅도 이곳에서 할 수 있다. 증류소 한정 위스키나 핸드필 위스키(직접 손으로 병입 가능한 제품)도 있다.

스털링브리지. 윌리엄 월리스에 경의를.

보모어증류소에서 플로어 몰팅. 대단히
힘들다. 한 번 왕복했는데 숨이 찬다.

## 마지막 날 밤은 그 지역 바에서 마음껏 위스키를 만끽

본토로 돌아와서 마직막 날은 케나크레이그에서 에든버러로 이동. 도중에 나만의 성지인 스털링브리지를 방문. 스코틀랜드의 영웅 윌리엄 월리스가 잉글랜드와 싸워서 승리한 땅이다.

그의 이름을 듣고 무슨 말인지 모르는 사람도 많겠지만, 스코틀랜드의 세계유산 에든버러성(성내 가장 오래된 건조물은 12세기의 것)에서 제1문 쪽의 오른쪽 동상이 윌리엄 월리스 상이다. 그의 유지를 받들어 잉글랜드에 승리한 사람이 왼쪽 동상 로버트 더 브루스이다. 내가 좋아하는 영화로 아카데미상 5부문을 석권한 멜깁슨 제작, 감독, 주연의 영화 '브레이브 하트'. 윌리엄 월리스를 주인공으로 로버트 더 브루스도 중요한 역할로 등장하는 스코틀랜드 독립을 건 전투 영화다. 물론 스코틀랜드인이라면 그들을 모르는 사람은 없다.

에든버러성에서 스카치위스키 익스피리언스에 참여했다. 한 바퀴 돌고난 후에 그 고장으로 바로 향했다. 마지막 날 밤은 마음껏 위스키를 만끽하는 날이다.

### ■ 정리

이번 방문에서는 상당히 많은 수의 증류소를 방문했다. 그야말로 신구의 융합을 느꼈다. 이 책을 저술하기에 앞서서 최신 정보도 많이 얻었다. 스코틀랜드 역사는 오래되었다. 물론 위스키의 역사도 마찬가지다. 일본은 위스키를 만들기 시작한 지 겨우 100년. 그들은 '존 코' 시대를 시작으로 500년 이상 아쿠아비테를 만들고 있는 것이다.

로크사이드호텔의 백파이퍼.
나보다 훨씬 덩치가 크다(웃음).

# 재패니즈 위스키의 향후

사사키 씨,
이 바에 일본
위스키
많네요.

좋은 질문이네요,
그러면 오늘 밤에는
일본 위스키에 내해
이야기해
볼까요.

태운다고!  그것은 좀…

음 알 것 같아

그 스모키함이
당시 일본인
입에는 맞지
않는지
크게 고전을….

1929년에
피트로 그을린
본격적인 위스키
'시로후다'가
발매됐습니다.

1937년에
'가쿠빈'으로
탄생했습니다!

그런데 숙성이
진행된 원주가
향기롭고 진한
향이 더해져서

숙성은
대단한
것이여!

부드러운 맛의
가쿠빈은
크게 호평을
얻어 매출을
올려갔습니다.

캔 츄하이가 큰 인기를 얻어 위스키업계는 고통스러운 시기를 맞이합니다.
이 침체기는 25년이나 지속되었는데…

괜찮으세요?

덜
덜
덜

그러나 일본인의 생활 스타일이 다양해지면서 위스키 소비량도 하강하기 시작합니다.
가장 큰 것은 주세법 개정으로 인해 일어난 것이 소주 붐입니다.

위스키 시장 추이

국세청 과세이출 수량에 의한 산토리 추계

'83 '87 '91 '95 '99 '03 '07 '11 '1?

짜 잔

하이볼
이었습니다.

Suntory
Whisky
since 1937

어떻게든 만회하기 위해 새로운 음용법으로 기사회생을 도모한 것이 2009년경 붐을 일으킨

그렇게 오래전에 발매한 위스키가 다시 유행하고 있다니 놀라워요!

와!! 이자카야에서 친숙한 가쿠하이볼 이다!

그런데 이 새로운 음용법에는 사내에서도 여러 의견이 있었습니다…

소다로 희석해 레몬을 짜 넣어요? 그런 방법이 유행할 리 없죠.

위스키를 저그로 마시다니 있을 수 없어요.

하이볼은 붐이라고 하기 보다는 이미 일반적!

안 닮았어.

가쿠하이볼을 좋아하시죠. (광고 찍은 여배우 대사☆)

그러나! 각종 음식점에서 시험적으로 제공해 봤더니 대호평을!

그리고 앞으로도 시대에 맞는 새로운 재패니즈 위스키가 탄생한다고 생각하면 가슴이 두근두근 설렙니다.

플레이 플레이

일본은 아직 위스키 제조를 시작한 지 겨우 100년입니다.
침체기도 있었지만 지금은 세계적으로 높이 평가받고 있습니다.

INTERNATIONAL
SPIRITS
CHALLENGE
2022

# 도리 신지로의 도전

**불굴의 도전 정신이 초석이 된 위스키의 여명**

재패니즈 위스키의 향후에 대해서 이야기하기 전에 우선 일본 위스키의 역사에 대해서 해설하지요. 일본에서 본격적으로 위스키 생산을 시작한 것은 산토리 창업자인 도리 신지로입니다. 그는 어떤 인물이었을까요?

메이지 시대인 1879년 오사카에서 환전상을 운영하던 양친 사이에 태어난 신지로는 당시 상가의 관례로 학교를 졸업한 13살에 오사카 도쇼우마치의 약재도매상 고니시 기스케 상점(현 고니시주식회사)에서 수행을 시작했습니다. **당시 약재도매상은 한약이나 양약 외에 양주 수입도 겸하는 세련된 상점이었습니다. 신지로도 서양 문화를 접하며 점점 동경하는 마음이 생겨 서양의 지식이나 맛과 향을 구분하는 혀와 코를 단련시켜 간 것 같습니다.** 고니시 기스케 상점이나 그 후에 수행한 고니시 간노스케 상점(이쪽은 염료나 그림 도구를 취급)에서도 조합 기술을 습득함으로써 훗날 위스키 브랜드 기술의 기초를 구축했다고 할 수 있을 것입니다.

**수행을 마치고 스무 살이 된 신지로는 독립해서 1899년에 도리상점을 창업했습니다.** 사업은 혼성양주나 포도주 판매부터 시작해 한 단계 한 단계 성공을 거듭해서 회사도 키워 갔습니다. 회사명도 고토부키야 양주점으로 변경해서 아카다마 포트와인을 크게 히트시켰습니다. 그리고 그 성공을 기반으로 꿈에도 그리던 일본 위스키 제조로 핸들을 꺾었습니다.

일본산 위스키 제조가 현실감을 더해 갈 무렵 신지로는 한 남자를 찾아갔습니다. 당시 비슷하게 양주를 취급하던 셋츠주조의 기술자 다케쓰루 마사타카였습니다. 다케쓰루는 1918년부터 수년간 본거지 스코틀랜드에서 위스키 제조를 위한 유학을 하고 있었습니다. 그리고 신지로는 막대한 자금을 들여서 완성한 야마자키증류소에서 위스키 제조를 개시, **1929년에 본격적인 국산 위스키 제1호 '산토리'를 발매했습니다.** 당시에는 '시로후다(白札)'라는 애칭으로 불렸는데 이것이 바로 지금의 '화이트'라는 제품명의 전신이 된 것입니다.

의기양양하게 세상에 내놓은 '시로후다'였는데 결과는 참담 그 자세웠습니다. 스코틀랜드의 기술, 그 무렵 고른 국산 맥아, 본거지 스코틀랜드에서 수입한 피드를 대워서 만든 본격적인 위스키였지만, 당시의 일본인 입에는 맞지 않았던 것 같습니다. 스카치위스키 특유의 피트로 인한 스모키함이 '탄내'로 인식되어 회사의 경영은 매우 어려워졌습니다.

그러나 그 후에도 신지로의 위스키 제조에 대한 고집은 이어졌습니다. 그 무렵 일본 각지에 위스키 판매 회사도 생겨나서 많은 일본인들에게 위스키는 친숙해지기 시작했습니다.

지금도 친숙한 '가쿠빈'은 1937년에 발매되었습니다. **시로후다의 고전에서 배운 교훈을 블렌드 레시피에 반영함과 동시에 그사이 숙성된 원주를 활용해서 신지로가 불굴의 도전 정신으로 세상에 내놓은 것이 '산토리 위스키 12년산 가쿠빈'.** 일본인의 기호에 맞춘 최고 걸작이 완성된 것입니다. 카페나 본격적인 바의 개업도 이어지고 양주의 수요도 급격히 늘어난 시대에 '가쿠빈'의 매출이 비약적으로 신장됨으로써 재패니즈 위스키의 여명기를 지탱하는 존재가 되었습니다.

# 일본 최고의 몰트위스키 증류소를 만든 도리 신지로

1907년 발매

## 아카다마 포트와인

스페인산 와인을 베이스로 한 달콤한 포도주. 기업으로 비약하는 계기가 된 상품.

1929년 발매

'해 보자'라는 정신으로 위스키 제조에 임한

## 도리 신지로

1879~1962년

### 시로후다

첫 본격 일본산 위스키. 당시 가격은 4엔 50전으로 일반 가정 한 달 생활비의 10% 정도로 고가였다. 피트가 강한 맛으로 매출에 큰 고전.

건설 당시의 야마자키증류소

# 토리스 붐과 정체기, 가쿠하이볼의 등장

## 라이프스타일의 다양화로 인한 소비 정체를 구한 가쿠하이볼

제2차 세계대전 후의 일본은 많은 것이 크게 변화한 시대였는데 재패니즈 위스키를 둘러싼 환경도 크게 변화하게 됩니다.

전쟁 후 혼란기에 소비자는 그야말로 싼 술을 찾고 있었습니다. 훗날 마스터 블렌더가 된 사지 게이조가 맛있고 저렴한 위스키를 찾는 소비자의 요구를 포착하고 종전 직후인 1946년에 세상에 선보인 것이 토리스였습니다. **가쿠빈에는 손이 가지 않는 사람들도 토리스는 손쉽게 구매할 수 있는 가격대였기 때문에 전국에서 토리스 붐이 일어났습니다.**

1950년 도쿄 이케부쿠로에 바가 하나 오픈했습니다. 간판에는 '토리스바'라고 적혀 있었습니다. 오너는 히사마세 미노스케라는 사람인데 사지 게이조가 의기투합해서 맛있는 위스키를 저렴한 가격으로, 그것도 거짓 없는 계산을 제공하는 바를 오픈하기로 한 것이었습니다. 제1호점은 연일 대성황이었으며 이후 사지 게이조의 협력으로 각지에 토리스바가 오픈하여 토리스라는 이름이 전후 위스키 역사의 대명사가 되었습니다.

그 후 본격적인 몰트위스키 원주를 아낌없이 사용한 올드(당시의 애칭은 다루마)나 로열을 필두로 레드, 화이트라고 하는 대중적인 제품의 공헌으로 일본의 위스키 사정은 크게 호전되었습니다. **통계에 의하면 1983년 일본 위스키 출하량은 최대였으며 특히 올드의 인기는 절정에 달해 있었습니다. 저의 계산으로는 당시 20세 이상 남성 한 명당 연간 약 4병을 마신 것으로 보입니다(대단하죠!).**

그러나 그 최고조 이후 일본인의 라이프스타일이 다양해지면서 위스키 소비량도 저하되었습니다. 가장 크게 영향을 끼친 것은 주세법 개정으로 일어난 소주 붐입니다. 캔 츄하이가 인기를 얻으면서 소비자는 위스키를 떠나고 위스키업계는 고전의 시대를 맞이했습니다.

이 침체기는 25년이나 계속되었습니다. 그러나 이 경기를 호전시키겠다는 일념으로 새로운 위스키 음용법을 제안하여 기사회생을 도모한 것이 2009년에 붐이 된 하이볼이라는 음용법이었습니다.

가부킨을 소나토 희식힌 '기쿠하이볼'은 일약 스타가 되이 위스키를 침세기에서 구했습니다.

처음에는 위스키를 소다로 희석하고 게다가 레몬즙을 짜 넣다니…라며 산토리 사내에서도 의견이 분분했습니다. 그러나 각종 음식점에서 시험적으로 제공해 본 결과 대호평을 얻어 본격적으로 홍보에도 힘을 실었습니다. 제가 입사한 1994년 당시는 바에서 위스키를 소다로 희석하는 사람이 한 사람도 없었기 때문에 이 하이볼 전략은 일본의 위스키 문화에 있어서 획기적인 변혁이라고 말할 수 있습니다.

이 하이볼 붐도 지금은 일반적인 음용 방법으로 정착해서 '가쿠하이볼 캔'의 인기로 이어지고 있습니다. 오랜 시간 위스키에 관여해 온 제 입장에서 보면 캔으로 부담 없이 위스키를 즐길 수 있는 좋은 시대가 된 것입니다.

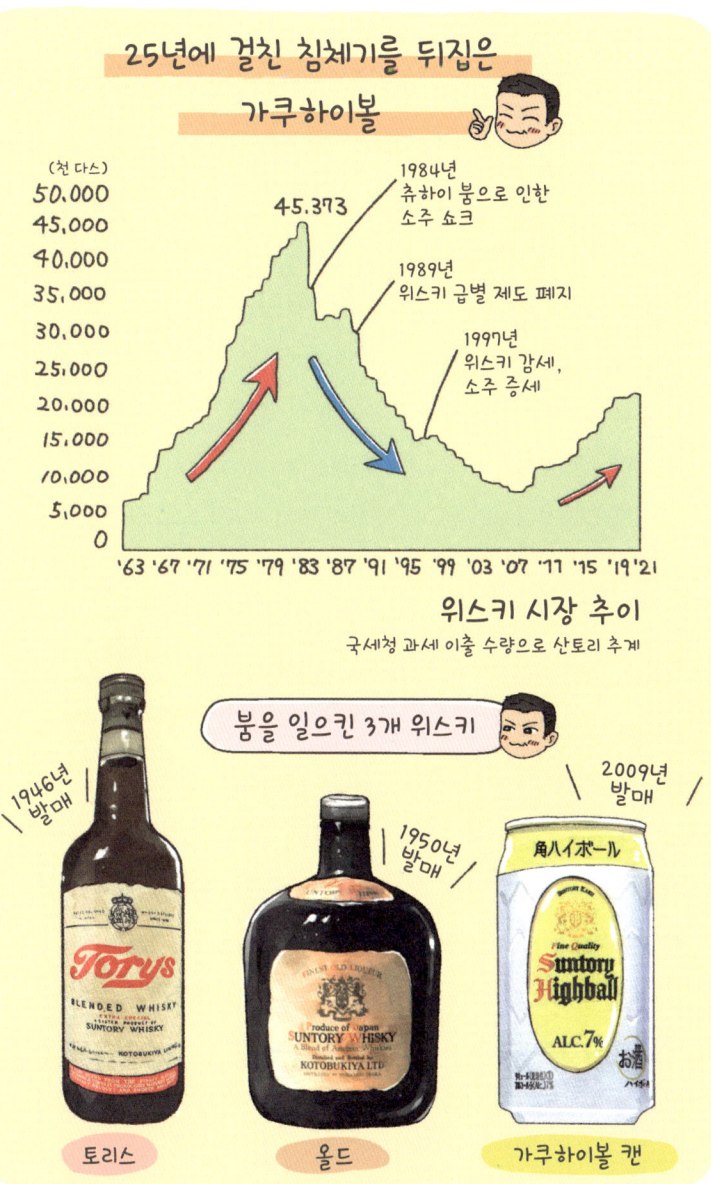

# 25년에 걸친 침체기를 뒤집은 가쿠하이볼

(천 다스)

45,373

1984년
츄하이 붐으로 인한
소주 쇼크

1989년
위스키 급별 제도 폐지

1997년
위스키 감세,
소주 증세

'63 '67 '71 '75 '79 '83 '87 '91 '95 '99 '03 '07 '11 '15 '19 '21

## 위스키 시장 추이

국세청 과세 이출 수량으로 산토리 추계

## 붐을 일으킨 3개 위스키

1946년
발매

1950년
발매

2009년
발매

토리스

올드

가쿠하이볼 캔

# 위스키 광고에 대하여

**시대의 아이콘과 함께 이미지를 추구해 가는 광고**

아직 위스키의 역사가 짧은 일본에서 이만큼 위스키가 대중들에게 받아들여진 이유는 광고의 힘이라고 할 수 있습니다. 각 회사들의 경쟁으로 개성적인 광고를 만들어 내고 의욕적으로 신상품 발매도 해 온 결과 일본 위스키가 유명해졌다고 생각합니다.

1922년 고토부키야(현재 산토리)가 세상에 선보인 '아카다마 포트와인'의 광고포스터는 일본 첫 누드포스터로서 전 일본을 깜짝 놀라게 했습니다. 누드라고는 하지만 어깨를 노출한 여성이 가슴 곁에 와인글라스를 들고 있는 장면인데, 그 효과는 파격적이어서 아카다마 포트와인은 대히트를 칩니다. 그 결과 야마자키증류소 건설이라는, 위스키 제조에 대한 투자가 가능해졌습니다. 그리고 지금도 바 등에서 볼 수 있는 '엉클 토리스'는 주류 판매점의 판촉물이나 신문, 잡지의 광고 등에도 등장했는데 이것은 오늘날의 멀티미디어 전략과 캐릭터 비지니스의 선구적인 존재였습니다. 1960년대가 되면서 엄청난 레저 붐이 와서 '**토리스를 마시면서 하와이로 가자!**'라고 하는, 당시 홍보부에 속해 있었던 작가 야마구치 히토미의 명카피와 함께 지금은 당연해진 선물 캠페인도 실시되었습니다. 그 후에는 배우나 영화계의 거장 구로사와 아키라 감독 등 저명인을 캐릭터로 기용하는 전략으로 화제를 모았습니다. 1980년대에는 오하라 레이코를 기용한 '조금만 사랑해서 오래도록 사랑해서'라는 카피가 유명해지면서 일본 음식과 위스키를 즐기는 스타일도 함께 정착해 갔습니다.

**1990년에 광고음악으로 사용된 이시카와 사유리의 '위스키를 좋아하시죠'는 한 번쯤 들어 본 적이 있을 겁니다.** 이것은 이가와 하루카가 등장하는 광고의 '가쿠하이볼을 좋아하시죠'라는 카피로 이어집니다. 최근에는 요시다카 유리코의 토리스 시리즈나 '아오' 위스키의 오카다 마사키와 이구치 사토루 등 장르를 초월한 인기 연예인의 기용도 새롭습니다. 시대의 아이콘과 함께 이미지를 구축해 가는 전략이 위스키와 손님을 연결하는 중요한 아이템 중 하나입니다. 앞으로도 새로운 시대에 맞춰서 어떤 광고가 전개될지 주목하게 됩니다.

## 철저했던 외장에 대한 고집

**보틀의 형상, 라벨의 디자인, 소재까지 철저히 신경을 쓴다**

일본은 세계에서도 독보적인 '장인 정신의 나라'입니다. 유리공예 부문에서도 뛰어난 기술을 가진 기업이나 장인들이 정말 많습니다. 물론 위스키 보틀에도 여러 가지 기술이 들어가 있습니다. 그렇지만 위스키의 정의나 조례에 병에 대한 규정은 없습니다. 그래서 생산자는 브랜드 이미지를 시각적으로 알리기 쉬운 방법이 보틀이나 라벨 등의 질감과 디자인을 활용하는 것이라고 여기기 때문에 외장에 아이디어와 기술을 아낌없이 투입하는 것입니다.

산토리 위스키를 예로 들면, 히비키의 라벨은 특별히 일본 전통 종이인 에치젠화지를 사용해서 세부적인 부분까지 신경을 쓰고 있습니다. 라벨을 병에 붙일 때도 엄밀한 규정을 두고 틀어짐을 극소화시키는 노력을 계속하고 있습니다. 또한 같은 브랜드라도 표기 연수가 다르면 보틀의 소재가 다르기도 합니다. 이런 부분은 여러분이 바에 가셔서 바텐더에게 꼭 물어보시기 바랍니다.

라벨의 제품명에도 주목해 보시죠. 야마자키 라벨은 당시 마스터 블렌더였던 사지 게이조의 친필입니다. 히비키의 붓글씨는 저명한 서예가 오기노 탄세츠의 작품입니다. 덧붙여 야마자키의 글씨를 자세히 보면 崎(험할 기, 땅의 형태) 옆에 ' ´ '이 있는 것을 알 수 있습니다. 즉 崎의 오른쪽의 '奇(기)'가 '寿(수)'로 되어 있답니다. **이것이 '싱글 몰트 위스키 야마자키의 탄생을 축하한다'라는 의미를 품고 있습니다.** 의외로 모르는 분들이 있다고 생각됩니다.

보틀의 형상도 브랜드 이미지에 맞춰서 만들고 있습니다. **히비키의 형상은 24면의 유리병이며 이것은 전통적인 절기인 24절기를 이미지한 것입니다.** 산토리 로열의 뚜껑은 옆으로 넓은 형태인데 이것은 로열의 고향 야마자키증류소 안쪽에 있는 시이오신사의 입구문(도리이) 모양을 따온 것입니다. 그리고 한정 상품이나 컬래버레이션 상품이 되면, 사쓰마 기리코(유리 공예품)나 유명한 가마에서 만든 도자기를 쓰기도 해서 장인들의 정성이 깃든 보틀에 위스키를 담는 것입니다.

'색'도 마찬가지여서 브랜드 이미지를 종합적으로 고려하고 있습니다. 야마자키는 벽돌로 만든 증류소 이미지에서 '갈색과 검은색', 하쿠슈는 천연 숲을 이미지한 '녹색', 블렌디드 위스키 히비키는 다양헌 위스키 원주를 블렌드하듯이 여러 가지 색을 심세하게 더해서 일본 전통색 중에서도 귀중하나는 '보라색'을 표현한 '진보라색'은 이미지 컬러로 삼고 있습니다.

그런 고집이 빛나는 보틀은 12병 단위(병수가 작은 것도 있음)로 포장되어 출하됩니다. 이 12병을 종이박스에 넣는 작업에도 세심한 정성을 들입니다. 보틀과 라벨이 하나라도 상처 나지 않도록 연구합니다(언젠가 여러분도 증류소의 영상 등으로 보시기 바랍니다).

전 세계 위스키 메이커 중에서 보틀의 형상이나 라벨의 의장, 소재까지 철저히 고집하는 것은 일본이 독보적이지 않습니까. 그만큼 일본의 장인 정신은 폭넓고 깊이가 있다는 것입니다. '세계 5대 위스키'의 일각으로서 재패니즈 위스키가 평가를 받고 있는 이유 중 하나는 만드는 사람의 창의, 연구, 그리고 정성스러운 작업에 대한 가치 평가라고 생각됩니다.

# 장인의 손을 고수하는 보틀

## 시이오신사의 도리이를 모티브로

보틀은 한자 '酒主'에서 '酉'를 표현. 코르크 마개는 야마자키증류소 뒤편에 있는 시이오신사의 도리를 형상.

## 전통적인 24절기를 표현한 보틀

24면의 디켄터보틀은 하루 24시간과 계절의 변화를 나타내는 24절기를 표현하고 있다.

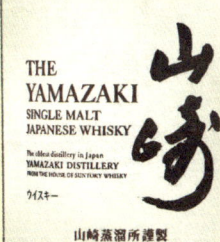

## 야마자키 한자 '山崎' 속에 '寿'

崎 자의 오른쪽은 奇. 그러나 야마자키의 로고는 '寿(壽 자의 약자)'를 쓰고 있다. 싱글 몰트 위스키 야마자키의 탄생을 축하하는 의미를 담고 있다.

## 세계에 자랑할 만한 '재패니스'로서

**엄격한 항목을 부가한 표시에 관한 기준**

1923년 야마자키증류소 건설에 착수한 도리 신지로. 그때부터 재패니스 위스키의 역사는 시작됩니다. 그리고 지금 세계 진출과 시대 변화에 맞춰서 재패니스 위스키로서 엄격한 기준을 자주적으로 부가하고 있습니다. **왜냐하면 다른 나라에는 모방품으로부터 자국의 위스키를 지키기 위한 엄격한 '정의'가 존재합니다.** 그러나 당시 일본에는 국내에서 술을 바르게 제조하기 위한 주세법상의 '위스키' 정의밖에 없었습니다. 그 정의는 내수용이었기 때문에 다른 나라에서 위스키가 아닌 제품을 '일본 위스키'로 판매하는 것이 가능했습니다. 그렇기 때문에 재패니스 위스키를 제대로 고객에게 전달하기 위해서 2021년에 일본양주주조조합이 중심이 되어 다음과 같은 자주 기준을 정했습니다.

① 원재료는 맥아, 곡류, 일본 국내에서 채수한 물에 한정한다. 단, 맥아는 반드시 사용해야만 한다.

② 당화, 발효, 증류는 일본 국내 증류소에서 행할 것과 증류 유출
시의 알코올은 95도 미만으로 한다.

③ 내용량 700ℓ 이하의 목제통에 입통한 다음 날부터 계산해서
3년 이상 일본 국내에서 저장해야 한다.

④ 일본 국내에서 용기에 담아 채울 시 알코올이 40도 이상이어
야 한다.

⑤ 색조 조절을 위한 캐러멜 사용을 인정한다.

**엄격한 항목을 부가하고 있는 이유는 세계 기준에 부합한 엄격한
규제로 전 세계 고객들이 재패니즈 위스키를 안심하고 구매해서 즐
겨 마실 수 있게 하고, 그 결과 현재 전 세계 고객들에게서 그들이
즐겨 마시는 재패니즈 위스키의 높은 브랜드 가치를 고수하고 이를
더욱 높여 가기 위함입니다.**

이 기준은 신흥 증류소나 제조회사에도 적용하고 있습니다. 앞으
로는 이 기준을 지키면서 세계에 도전하는 위스키 제조를 차세대에
계승해 가는 것과 새로운 방법을 어떻게 사업화해 갈 것인지가 과
제인 것이지요. 우리는 선현들이 확립해 준 재패니즈 위스키의 브
랜드력을 더욱 높여 가야 하는 사명이 있습니다.

## '캔하이볼로 건배!' 하는 시대

### 위스키와 소다를 캔에?

여러분 '가쿠하이볼 캔'을 알고 계시는지요? 지금은 위스키를 마시지 않는 사람도 광고 등을 비롯해 다양한 곳에서 자주 볼 수 있는 술이라고 생각합니다. 실은 저도 지금 '토리스 하이볼 캔'을 옆에 두고 이 글을 쓰고 있는데, 다시 생각해 보면 '저그로 하이볼' 다음으로 '캔으로 하이볼'의 시대가 되었구나라는…. 이제 RTD(Ready To Drink)로서 위스키가 '캔'까지 침투해 있다는 것이 놀랍습니다. 맛은 물론이고 패키지의 버라이티함, 그리고 상황을 가리지 않는 편리함. 저는 신칸센으로 이동을 많이 하지만 거의 대부분 가쿠하이볼 캔을 한손에 들고 이동합니다(밤이에요). 최근에는 소다를 넣어도 새지 않는 수통이 나와서 시대의 니즈에 응답하는 시장은 다양합니다.

그래서 잠서 각자 캔하이볼을 마시는 상황을 생각해 보았습니다. 물론 이동 중에는 간편하게! 최근의 신칸센은 하이볼을 주문하면 플라스틱컵과 얼음을 같이 줍니다. 차갑게 식혀져 있어서 상당히 맛있습니다. 그리고 제가 집에서 위스키를 마실 때에도, 실은 병뿐만 아니라 캔하이볼도 마십니다. 이유 중 하나는 '안정된 품질'이라고 생각합니다. 그럼 자신이 직접 만드는 하이볼은 안정된 것이 아니냐 하면 그렇지 않습니다. 신기한 일이지만 위스키에 빠지면 병과 캔의 '맛이 어떻게 다르지?' '즐거움은 어떻게 다를까?' '취하는 건 어떻게 다를까?' 등 여러 가지로 생각하는 게 많아집니다.

또한 캔으로 마시면 '얼마나 마셨는지' 시각적으로 알 수 있다는 점도 있습니다(웃음). 자신을 책망하기도 하지만 병으로 마시면 결국 다 마셔 버리잖아요. 잔에 따르게 되니까요…. 그건 그대로 위스키를 즐기는 방법이라고 생각합니다. 그리고 캔이 되면 위스키 칵테일도 손쉽게 즐길 수 있답니다. 레몬 맛이라든지 라임 맛, 하다 못해 진한 맛, 순한 맛이라든지…. 어떤 게 좋다는 것은 없습니다. 바에서 마시는 최고의 글라스와 최고의 위스키 그리고 대화. 직접 만드는 하이볼과 고요함. 다양한 상황으로 여러 가지 발견이 있는 것이 하이볼인 것입니다.

위스키는 기호품. 즐겁게, 자신이 '마시고 싶을 때'에 '마시고 싶은 사람'과 '마시고 싶은 장소'에서 '마시고 싶은 방식'으로 마시면 됩니다. 정답은 없으니까요. 자, 그렇다면 다음은 다른 캔하이볼을 마셔 볼까요!

# 6

# 동경의 공간 바에 가자

바는 혼자 오는 손님이 꽤 있네요. 멋져요.

한 사람입니다.

어서 오세요.

음… 혼자는 아직 긴장이 돼서요.

사야카도 슬슬 혼자 올 수 있지 않을까?

어디에 앉아야 할지 신경이 쓰여서…

쭈뼛

쭈뼛

마시는 동안 뭘 하면 좋을지,

뭘 하고 계시나요!?

사사키 씨는 항상 혼자 오시는 것 같아요. 저… 혼자 오실 때는 항상

이 한 잔의 위스키와 마주하고 있답니다!

글쎄요 그건… 물론

실제로 위스키와 마주하기 위해서 천천히 시간을 들여서 맛보고 있답니다.

이렇게 말하면 좀 낯간지럽지만

헤~

자신을 리셋이라 ….

자신을 리셋하는 시간이기도 합니다.

바에 혼자 있는 시간은

저도 항상 위스키를 뚫어지게 보고 있지는 않아요.

처노 혼사 비에 와 보고 싶은데 아직 좀 긴장이 돼서…

휴대폰을 들여다보고 있을 때도 종종 있답니다.

취미가 같아 보이는 옆 손님한테 말을 건다든지

그렇게 하면 저절로 바텐더와 대화가 되는 거지요.

처음 오신 분은 무리하지 마시고 모르는 게 있으면 솔직하게 물으시면 됩니다.

혼자 와도 기죽지 않고 즐길 수 있게 된답니다.

처음에는 문턱이 높다고 생각될지도 모르지만

# 처음 바에 가는 사람을 위한 에티켓

**바의 문을 열어 보는 것에서 모든 것이 시작된다**

여기까지 위스키의 역사부터 제조법까지 말씀드렸지만, 위스키를 처음 마시는 분들에게 장애물은 역시 '바에 간다'는 것이라고 생각합니다. **뭔가 어려울 것 같다든지, 바텐더와는 어떻게 접해야 하**는지 등 여러 가지가 걱정되는 것들이 있다고 생각되지만, 우선은 **바의 문을 열어 보는 것에서부터 모든 것은 시작됩니다.**

바에도 크게 두 가지 타입이 있습니다. 하나는 벽 한 면에 보틀이 줄지어 세워져 있고 중후한 바 카운터에 스탠딩 바텐더가 있는 전통적인 어센틱바(일본에서는 이렇게 부르고 있습니다). 또 하나는 캐주얼한 분위기의 식사도 술도 즐길 수 있는 비교적 합리적인 퍼블릭바(이것 또한 일본의 호칭). 호텔에는 대체적으로 두 형태가 모두 있는데 식사 등이 충실한 라운지(소파석이 많다)와 어센틱바(카운터가 있다)에 가까운 바가 있답니다.

긱긱 가격에 차이가 있는데 가기 쉬운 곳은 퍼블릭바일 것입니다. 그러나 위스키가 좋아지면 좋아질수록 보틀킵이 되는(안 되는 곳도 있습니다만) 어센틱바가 좀더 합리적이기도 합니다. 금액은 장소에 따라 차이가 나지만 인터넷에서 검색해 보면 대략 예산을 세울 수 있습니다. 이러한 시스템이 있는 바라면 반드시 인터넷에 소개되어 있기 때문에 걱정되시는 분은 우선 검색해 보실 것을 추천합니다.

**기본적으로 바 형태의 음식점에는 차지라는 것이 부과됩니다.** 마신 술 요금과는 별도로 부과되는 좌석료 같은 의미입니다. 가게에 따라 가격은 천차만별입니다. 그리고 차지에 포함되는 기본 안주가 나오는 곳도 많습니다. 바에 가 본 적 있는 분이라면 위스키 1잔을 주문했을 때 '너트류'가 나오는 것을 보셨을 것이라 생각됩니다. 그 요금 구조는 기억해 두시기 바랍니다.

다음은 바의 문을 열고 들어가 어디에 앉으면 좋을까입니다. 기본적으로는 마스터나 바텐더의 말에 순순히 따르는 것이 좋답니다. 물론 '편하신 자리에 앉으세요'라고 하면 앉고 싶은 자리에 앉으면 됩니다. 제 경우는 카운터 안쪽에서 세 번째 정도를 좋아합니다. 뒤에 몇 명의 손님이 들어와도 앉을 수 있을 것 같고, 가게 전체가 한

눈에 들이오기 때문입니다. 이러부은 여러분이 자유에 맡기겠습니다. 중요한 것은 '여기 앉아도 됩니까?'라고 물어보는 것입니다. 단 카운터석밖에 없는 바에는 다수의 인원이 밀고 들어가는 것을 처음에는 피하시는 것이 매너랍니다.

바에 갈 때 복장 때문에 고민하시는 분이 많은데 이것도 기본적으로는 자유입니다. 단지 반바지나 운동복, 슬리퍼 등 너무 캐주얼한 복장은 피하시는 것이 좋습니다. 아무튼 그 가게의 분위기를 망치지 않는다는 겸허한 마음이 있으면 된다고 생각합니다.

**가장 중요한 것은 절대 소란을 피우지 않고 자신이 할 수 있는 한도 내에서 단정한 태도를 마음에 새긴다면 그것으로 충분하다고 생각합니다.**

그다음은 가게마다 독자적인 룰이 있으므로 주위의 손님이나 바텐더의 움직임을 보면서 익숙해져 가면 된다고 생각합니다. 예를 들면 흡연에 대해서(금연구역인지 등) 판단이 잘 안 될 때는 솔직하게 물어보면 된다고 생각합니다. 바에서 가장 해서는 안 되는 일이 아는 척하는 것입니다. 술에 대해서도 그렇지만 바에 대해서도 지식을 자랑하는 것이 그다지 멋있어 보이지는 않습니다.

바의 룰에 맞게 이용하면 바텐더도 당신에게 말을 걸어올 것입니다. 주제가 맞으면 바텐더는 단골손님과 화제를 공유하며 대화를 연결해 주거나 위스키에 관한 숨은 이야기를 가르쳐 주면서 더욱 좋은 관계를 만들어 갈 수 있다고 생각합니다.

그 외에도 칵테일 레시피를 물어보거나 보틀 선반의 궁금한 술에 대한 정보를 물어보면서 바텐더나 다른 손님과 소통할 수 있게 되면 위스키의 지식도 늘어나고, 그 바에 가는 것 또한 더욱 즐거워질 것입니다.

## 주문 방법과 순서

**바텐더에게 미리 예산을 알려 주는 것도 좋은 방법**

바에 가서 무엇을 주문할까? 처음엔 긴장하지요. 메뉴에 있는 것은 무엇을 어떻게 주문해도 괜찮습니다만 실은 메뉴가 없는 바가 많답니다. 그래서 저는 보기 좋은 것부터 선택해서 주문하는 방법을 권합니다. "저 병 멋있네요. 어느 나라 술입니까?"라든지 "비싼가요?"라고 물어보면 진열 방법 등으로 대충 가격을 짐작할 수도 있고, 역으로 바텐더도 이 정도 예산으로 이런 술을 즐기고 싶은 사람이라고 이해해 줍니다. 그럴 때는 허세 부리지 않고 '위스키란 꽤 비싼 술이네요!'라고 솔직하게 생각을 전해야 그다음 대화로 이어집니다.

**예산을 먼저 말해 두는 것도 좋은 방법입니다.** 전혀 실례가 되지 않을 뿐더러 바텐더는 그 예산 안에서 최고의 술을 권해 줄 것이므로 안심하고 즐길 수 있답니다. 제 경우를 볼 때, 스코틀랜드에 반한 뒤로는 스카치 싱글 몰트만 마시고 있지만 그 전에는 라벨이 멋있는 술이나 사격을 보고 마셨습니다.

마시는 순서는, 사견이지만 처음에는 마시기 좋은 블렌디드를 시작으로 개성이 뚜렷한 싱글 몰트로 바꿔 가는 것이 가장 좋지 않을까 합니다. 마시는 방법도 미즈와리나 하이볼에서 온더록스나 스트레이트로 바꿔 가는 것이 위스키의 맛과 향을 알기에 좋습니다.

'보틀러즈 브랜드'가 즐비한 바도 있습니다. 보틀러즈란 독립 병입자가 증류소에서 위스키를 오크통 채로 구매해서 독자적으로 숙성, 보틀링한 것. 흥미로운 것이 많지만 우선은 증류소의 오피셜 보틀부터 마셔 보는 것이 좋을 듯합니다.

주문을 하는 것도 술에 대해서 물어보는 것도 모두 가게의 바텐더나 마스터와의 교류입니다. **바는 술을 마시는 곳이지만 또 하나 사람과 만나는 것을 즐기는 곳이라는 측면도 있습니다.** 바텐더와 이야기를 주고받으면서 가게의 분위기, 바텐더의 캐릭터, 가격 등 종합적인 면에서 당신에게 어울리는 바를 찾아가는 것이 좋습니다.

# 혼자 보내는 시간

**바란 더할 나위 없이 소중한 시간을 보내는 장소**

바에 누군가와 함께 간다면 함께하는 사람과의 대화를 즐기면 되지만 혼자 멋있게 마시고 있는 사람도 보게 될 것입니다. 마지막으로 바에서 무엇을 하면서 혼술을 즐기면 좋은지에 대해서 말씀드리겠습니다.

**저는 '바'라는 장소는 '시간을 사러 가는 곳'이라고 생각합니다.** 조용히 책을 읽으면서 위스키를 즐기는 것도 좋고, 지금 자신이 마시고 있는 위스키의 라벨을 보면서 스마트폰으로 정보를 검색해서 지식을 넓히는 것도 좋습니다. 혼자 마시는 사람도 하고 있는 것은 다양합니다. 그리고 궁극적으로는 멍하게 있는 것입니다. 매일의 일상은 전부 잊고 아무것도 생각하지 않는 것. 위스키와 자신과의 대화라고 하면 좋겠군요. 저를 포함해서 바에서 혼자 마시는 사람은 나르시시스트 경향이 있는 것 같습니다(웃음). 그 공간에서 그 위스키를 마시고 있는 자신을 약간 제3자적인 시선으로 보면 자신의 위스키 성향을 알 수 있지 않을까요. **그리고 그런 매력적인 시간을 보내는 것에 돈을 지불하고 있다는 것.** 맞아요 카운터의 높이, 스툴(등받이와 팔걸이가 없는 의자)의 발받이 높이 등이 자신에게 잘 맞으면 마음이 편안할 것이며 기분도 좋아진답니다.

마지막으로 바에 대해서 가장 중요한 것을 말씀드리지요. 그것은 뭐니 뭐니 해도 사람과의 만남입니다. 마스터나 바텐더와 주고받는 대화, 옆 손님과의 허물없는 대화 등 전부가 바의 즐거움이라고 할 수 있습니다. 바를 필요 이상으로 무서워하지 말고, 아무 말이라도 좋으니 주위 사람들에게 말을 건네 보세요. 실은 바에 와 있는 손님은 술은 물론 대화를 즐기기 위해 온 사람이 많답니다.

자신의 위스키 기호도 알게 되고 바에서 주문 방법도 알게 되면 이제 당신은 그 바의 단골입니다. 당신을 위한 매력적인 위스키와 멋진 사람들과의 만남을 진심으로 바라겠습니다. 어느 바에서 저를 발견하시면 가볍게 말을 건네 주십시오! 저는 어느 쪽인가 하면 조용한 타입이 아니라 바에서 여러 가지 대화를 하고 싶어하는 타입이랍니다!

# 한 잔 분량의 샷 계량기

**거꾸로 놓여 있는 보틀이 멋있다**

바에 가 본 적이 있다면 봤을 것이라고 생각됩니다. 보통 '모래시계' 같은 모양을 하고 은빛이 나는 작은 도구(바텐더가 칵테일을 만들 때 쓰는 컵으로, 보틀에서 술을 따라 글라스에 뒤집어 쏟는 그것)를 샷 계량기라고 합니다. 바텐더가 그것을 사용해서 칵테일을 만드는 모습은 아주 멋있습니다.

바에서 위스키를 주문할 때 '싱글' 또는 '더블'이라는 단어를 사용합니다. 말 그대로 '한 잔 분량' '두 잔 분량'입니다. 싱글은 대체로 글라스 바닥에서 손가락 한 마디 정도로 30㎖를 말합니다. 그러면 더블은 당연히 60㎖입니다. 그 사이에 '지거'라고 해서 45㎖도 있습니다. 중후한 카운터가 있는 바의 바텐더는 주로 '손가락에 끼우는' 지거를 사용합니다. 다양한 바가 있지만, 상당한 구색이 갖추어져 있고 화기애애하고 즐거운 캐시온 시스템(말하자면 1잔씩 요금을 지불하는 시스템)이라면 '위쪽 샷디스펜서'가 일반적입니다. 영화의 한 장면으로 보신 적이 있을 것입니다. 바텐더가 거꾸로 세팅된 보틀에서 위스키를 따르고 있는 것을요. 그건 그것대로 멋있다고 생각합니다. 어느 한 쪽이 더 좋다는 것은 아닙니다. 단지, 내 방이라고 생각하면 위에서 나오는 편이 더 편하다고 생각합니다(설거지가 적어서!).

제가 현역 배구선수일 때 방에 이 샷디스펜서를 몇 개 매달아 두었습니다. 연습이 끝난 후 이 도구를 이용해서 위스키를 따라서 자주 마셨답니다. 이 샷디스펜서의 장점은 규정된 양이 한 번 누르면 나온다는 점입니다. 그래서 농도는 항상 일정합니다. 그리고 무엇보다 즐거운 것은 거꾸로 매달린 보틀이 멋있다는 것. 최근 수년 동안 보틀을 그냥 세워 놓고 있는데 가끔 옛날 생각이 떠올라 위스키를 위에 거꾸로 꽂아 놓고 싶다는 생각을 하기도 하는 요즘입니다.

어느날

BAR nuts

덜커덩

굿 밤~

사야카 씨
어서 와요.

잘 부탁합니다~

보모어 12년을
스트레이트로
부탁합니다!

마스터!
오늘은
아일라로
할까 봐요.

세이지 씨도 어서 와요.

마스터

뭐야 사야카도 왔었네.

뭐야 뭐야

안녕하세요~

덜커덩

온더록스로 할래요!

마스터. 오늘은 발렌타인 17년을

오빠 완전히 위스키 베테랑 같은 느낌이네~

그러는
사야카도

주문도
아일라 몰트를
스트레이트로
하고.

에헤헤

벌써 혼자
올 줄도
알고

호호

처음 왔을
때랑 비교하면
우리 둘 엄청
변했어. 그치?

바짝 얼은
쵸보자 두 사람

처음엔 즐비한
술이 무슨
술인지도
몰랐지만

무슨
술인지도
몰라!

눈에 들어
오는 대로
적당히 주
문하면…

헉

지금은
아는 제품도
늘어났잖아~

사사키 씨를
만난
덕분이에요.

증류소에도
가 봤잖아요!

즐거웠어!

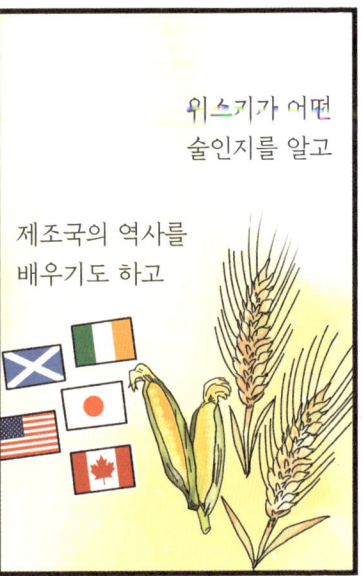

위스키가 어떤
술인지를 알고

제조국의 역사를
배우기도 하고

처음에
긴장해서 얼어
있었던 게
거짓말 같아.

앞으로도
위스키를
더욱 알아
가고 싶어.

오빠,
나 있잖아.

회사일을
계기로 배우기
시작했지만

나도 나도! 근면한 여동생을 위해서 오빠가 앞으로도 에스코트할게.

내 참 말은 잘한다니까

우리 같은 초보자에게

사사키 씨는 아마 지금도 어느 바에서

위스키의 매력을 전하고 있겠지!

대단해~

이 책의 집필을 끝내고 충만함에 젖어 오늘도 위스키를 마시고 있다. 한숨 돌리면서 앞으로의 이벤트나 세미나를 구상하면서.

새삼 느낀 것은 '위스키는 역시 깊다'라는 것이다. 회사에서 내 주 업무는 '사람들에게 위스키의 즐거움이나 품질을 이야기하고 팬을 늘린다'는 것이다. 하지만 이번에 집필하는 동안 여러 가지 생각을 하면서 지금까지 반신반의했던 것들이 확신이 되기도 하고 반대로 더 알 수 없게 되기도 하고…. 알면 알수록 모르는 세계가 나타난다. 그만큼 위스키는 깊고 여러 가지 역사나 풍토, 사람들과 밀접하게 관련되어 있다고 생각한다.

평상시 TV를 볼 때 '위스키를 만들고 있는 토지' 등에 포커스를 맞춘 프로그램은 특히 보고 싶어진다. 지난번 TV에서 스코틀랜드 오크니제도(메인랜드섬)의 세계유산을 다룬 특집 프로그램 예고를 보고 서둘러서 녹화를 했다. 푹 빠져서 보고 말았지만 위스키는 조금도 다뤄지지 않았다. 그래도 눈을 깜박하는 것도 잊을 정도로 가슴에 와닿는 내용이었다.

즉, 나는 위스키를 좋아한다고 말하고 있지만 그것은

'바에 가는 것'

'역사를 풀어 가는 것'

'토지의 특성을 아는 것'

'위스키를 마시는 것'

'한 손에 위스키를 들고 동료들과 대화하는 것' 그리고

'혼자서 천천히 시간을 보내는 것'의

종합적인 의미로서 '위스키가 좋다'는 것임을 새삼 깨달았다.


글을 써 내려가는 동안 쓰기 쉬운 장과 그렇지 않은 장이 나타났다. 이 또한 새로운 발견으로 자신의 생업에서도 장단점이 있음을 실감했다. 위스키는 역사가 깊다. 그리고 아직도 모르는 것이 많기 때문에 확실한 답이 없는 것도 종종 있어서 역시 그런 점이 재미있다. 예를 들면 증류소 개설 연호라든지 그 옛날 증류소가 있었던 토지라든지…. 그런 점들을 상상하면서 글을 쓰는 시간도 즐거운 시간이었다. 옛날 자료를 끄집어 낸다든지 증류소의 사실 확인을 하는 것도 즐거운 작업이었다. 이 책을 쓴 덕분에 다양한 사람들과의 만남도 있었다. 그래서 아무튼 시간을 유익하게 사용한 충만된 시간이었다.

돌이켜 보면 결국 '위스키를 마시면서' 집필하고 있던 시간이 상당히 길었던가(웃음). 어느 때나 아무 변화도 없는 생활 속에서 소재가 될 만한 것을 찾고 있었다(그렇지만 일로서 거의 매일 위스키를 접하고 있었다). 원래 어릴 때부터 호기심이 왕성해서 자전거를 분해하고 다시 조립해 보는 소년이었다. 그런 호기심이 없으면 흥미도 가질 수 없으며 소재도 없다는 것을 이 나이가 되어서 깨달았다. 그렇다고 해도 친구나 동료들과 마시면서 집필할 수는 없었다. 그래서 필연적으로 혼자만의 시간이 늘어났는데 새롭게 여러 가지를 마주하는 좋은 기간이기도 했다. '집필'이라고 하는 중요한 작업을 마시면서 하는 것은 좀 아닌 것 같다고 생각하지만, 내게 있어 혼자 마시는 위스키 시간은 머리가 매우 맑아지기 때문에 그것대로 좋았던 게 아닐까.

여기까지 '나의 위스키 사랑'을 말하고 있지만 처음부터 '위스키가 제일 좋다!'는 것도 아니었다. 지금도 "제일 좋아하는 것이 뭡니까?"라고 물어보면 '위스키'라고 대답할지 어떨지는 미묘할 것 같다. 어느 방송에 출연했을 때의 영상을 다시 보니 "당신에게 위스키란 어떤 것입니까?"라고 물어서 나는 "항상 가까이 있는 친구 같은 존재"라고 대답하고 있었다. 집필 기간 중에도 내 자신 안에서는 항상 같은 대답이었고 항상 가까이 있어서 손쉽게 접할 수 있으며 여러 가지 표정을 가지고 있어서 마치 속 깊은 친구 같은 위스키가 아닌가라고 생각하면서 쓰고 있었다.

이처럼 매일 위스키와 접하면서 일을 하다 보면 갑자기 '아니, 내가 왜 이렇게 되었지?'라며 되돌아볼 때도 간혹 있다. 원래 배구선수로 은퇴하면 지도자가 되는 사람이 많은데 스스로 영업을 지원해서 거리에 나가 매진했지만, 다른 사원에 비해 스타트라인이 상당히 뒤처져 있었다. 그리고 우여곡절 끝에 위스키와 만났다. 정확하게는 '위스키를 사람들에게 전달하는 직업과 만났다'라고 말할 수 있을 것 같다. 생각해 보면 모든 것은 2007년 위스키 판매량이 바닥에 가까웠던 시대에 원래 사람들과 대화하는 것을 좋아했던 내가 '사람들에게 위스키의 즐거움을 전한다'라는 직업에 흥미를 가져 버린 것 때문이었다. 그로부터 벌써 15년, 이렇게 책을 출판하게 되어 기쁘기 한이 없다. 지금까지 업계나 주위 분들의 도움이 있었기 때문에 가능했다고 생각함과 동시에 더욱 책임감 있는 일을 해야만 한다는 것도 실감하고 있다.

내가 위스키 교육 세미나를 시작해서 직접 호소했던 고객이 올해로 3만 명을 넘었다. 정말 바닥이었던 시대부터 위스키가 성황이 되고 지금처럼 품귀 상태가 된 것은 전 세계에 일본 위스키의 품질을 인정받고 각국의 마케팅이니 중류스, 블렌너들의 개성이 나타났기 때문이라고노 인식하고 있다. 1980년대부터 트렌드가 지속적으로 하강하던 시대에 위스키 어필은 참 힘들었으리라 짐작한다. 그 시대에 고통스러워하면서도 원주를 계속 만들어 온 선배들에게 존경의 뜻을 표한다. 그리고 지금부터는 두 번 다시 트렌드가 지나가는 일이 없도록 위스키의 매력을 널리 알려서 계속해서 팬이 늘고, 업계가 성황을 이루도록 하고 싶다.

이 책을 발간하기에 앞서 많은 분들의 협력을 받았다. 여러 가지 의뢰를 받을 때 역시 위스키가 좋다라고 인식한 것은 '위스키를 마시면서' 이 책의 의뢰를 받았다는 것이다. 전직 스포츠 선수가 전혀 다른 세계의 책을 쓴다는 것. 그 자체가 재미있다고 생각해서 글을 쓰기로 했다. 지향한 것은 '읽었더니 바에 가서 위스키를 마시고 싶어진다, 동료들과 위스키에 대해 이야기하고 싶은 책'이다. 사람들이 느끼는 것은 각각 다르다고 생각한다. 그러나 제조나 역사, 그리고 위스키 본래의 테이스트에 흥미를 가져도 위스키는 기호품이다.

이 글을 쓴 후기까지 읽고 계신 분들은 아마 오늘 밤 위스키를 마시러 가시겠지요. 나도 매일 밤은 아니지만 오늘도 어딘가의 바에서 마시고 있습니다. 만약 카운터에서 대화하면서 위스키를 마시고 있는 덩치 큰 남자가 있다면 아마 그 사람은 저일 것입니다(웃음). 아무쪼록 보시면 말을 걸어 주셨으면 합니다.

마지막으로 이 책의 발간에 크게 진력해 주신 KADOKAWA의 편집장 시노하라 님과 관계자 여러분, 쿠에스토룸주식회사의 대표 이시하라 님, 일러스트레이터 가와니시 시마오 님, 산토리홀딩스주식회사 광고부의 후지와라 님과 관계자 여러분, 산토리주식회사 원주생산부의 아키호시 님, 산토리 위스키 사업에 관여한 여러분, 그리고 모든 위스키 팬과 지금부터 팬이 될 분 등에게 최대로 감사의 뜻을 표합니다.

그럼 어느 바에서 만날 수 있는 날을 즐거운 마음으로 기다리겠습니다.

슬란지바!

2023년 3월

사사키 다이치

# 사사키 다이치

Sasaki Taichi

1971년에 태어남. 산토리주식회사 스피리츠 본부 위스키부 시니어 스페셜리스트. 일본에서 가장 어렵다고 하는 '마스터 오브 위스키' 초대 합격자(위스키문화 연구소 인정). 전 배구 일본대표선수. 신장 194cm. 포지션은 센터. 1994년 아시아대회에서 금메달 획득, 1995년 월드컵에서 5위 입상. 은퇴 후 '위스키 앰버서더'(산토리주식회사 인정)로서 전국을 누비며 증류소 홍보 등 위스키 교육 활동을 하는 한편 배구 해설자로 활약하고 있다.

## 참고문헌

2022, 福與伸二, 『The Master of Whisky Suntory Whisky Handbook 2022』(サ
ントリースピリッツ株式会社 監修), 達磨信.

2022, 土屋守, 『最新版ウイスキー完全バイブル』, ナツメ社.

E TO MANGA DE WAKARU WHISKY 1INEMME NO KYOKASHO

© Taichi Sasaki 2023

First published in Japan in 2023 by KADOKAWA CORPORATION, Tokyo. Korean translation rights arranged with KADOKAWA CORPORATION, Tokyo through Eric Yang Agency Inc. Seoul.

그림과 만화로 배우는
## 나의 첫 위스키 교과서

초판 1쇄 발행 2024년 6월 5일

지은이     사사키 다이치
옮긴이     정금이

펴낸이     김선기
펴낸곳     (주)푸른길
출판등록   1996년 4월 12일 제16-1292호
주소      (08377) 서울시 구로구 디지털로 33길 48 대륭포스트타워 7차 1008호
전화      02-523-2907, 6942-9570~2
팩스      02-523-2951
이메일     purungilbook@naver.com
홈페이지   www.purungil.co.kr

ISBN     979-11-7267-000-9   03910

* 이 책의 한국어판 저작권은 EYA(Eric Yang Agency)를 통한 KADOKAWA CORPORATION사와의 독점계약으로 (주)푸른길에 있습니다. 저작권법에 의하여 한국 내에서 보호를 받는 저작물이므로 무단전재 및 복제를 금합니다.
* 회사명, 직급명 등은 초판 시의 것입니다.